EQUIPE
HUMANA

DOUGLAS RUSHKOFF é um premiado teórico das mídias que estuda a autonomia humana na era digital. Considerado um dos 10 intelectuais mais influentes do mundo pelo MIT, é professor na Universidade da Cidade de Nova York, Queens, apresentador do *podcast Team Human* e autor de vários *best-sellers*, incluindo *Present Shock: When Everything Happens Now*, que alerta para o comportamento cada vez mais ansioso da sociedade moderna. Rushkoff mora em Hastings-on-Hudson, Nova York.

R953e Rushkoff, Douglas.
       Equipe humana / Douglas Rushkoff ; tradução: Rodrigo Dubal da Veiga ; revisão técnica: Gustavo Severo de Borba. – Porto Alegre : Bookman, 2024.
       ix, 244 p. ; 21 cm.

       ISBN 978-85-8260-634-6

       1. Administração. 2. Comportamento organizacional. 3. Tecnologia. 4. Gestão. I. Título.

                                          CDU 005.32

Catalogação na publicação: Karin Lorien Menoncin – CRB 10/2147

EQUIPE HUMANA

DOUGLAS RUSHKOFF

Tradução
Rodrigo Dubal da Veiga

Revisão técnica
Gustavo Severo de Borba
Professor e escritor
Mestre e Doutor em Engenharia de Produção pela
Universidade Federal do Rio Grande do Sul (UFRGS)
Especialista em Design Estratégico pela Universidade do Vale do Rio dos Sinos (Unisinos)

Porto Alegre
2024

Obra originalmente publicada sob o título
Team Human
ISBN 978-0393651690

Copyright © 2019 by Douglas Rushkoff
First published in the United States by W.W.Norton and Company, Inc.
All rights reserved.

Gerente editorial: *Letícia Bispo de Lima*

Colaboraram nesta edição:

Supervisão editorial: *Simone de Fraga*

Editora: *Mariana Belloli Cunha*

Leitura final: *Sandra Chelmicki*

Arte sobre capa original: *Paola Manica | Brand&Book, adaptada de ©Olga Grlic*

Editoração: *Matriz Visual*

Reservados todos os direitos de publicação ao
GRUPO A EDUCAÇÃO S.A.
(Bookman é um selo editorial do GRUPO A EDUCAÇÃO S.A.)
Rua Ernesto Alves, 150 – Bairro Floresta
90220-190 – Porto Alegre – RS
Fone: (51) 3027-7000

SAC 0800 703 3444 – www.grupoa.com.br

É proibida a duplicação ou reprodução deste volume, no todo ou em parte, sob quaisquer formas ou por quaisquer meios (eletrônico, mecânico, gravação, fotocópia, distribuição na *web* e outros), sem permissão expressa da Editora.

IMPRESSO NO BRASIL
PRINTED IN BRAZIL

Encontre os Outros . . .

APRESENTAÇÃO À EDIÇÃO BRASILEIRA

Um dos 10 intelectuais mais influentes da atualidade. Podemos definir Douglas Rushkoff a partir desse reconhecimento que recebeu do Massachusetts Institute of Technology (MIT), mas, como ser humano, sua relevância vai muito além do título!

Em 2019, quando estava prestes a viajar para dar a palestra de lançamento do livro *Team Human* no prestigiado festival South by Southwest (SXSW), no Texas, Estados Unidos, Rushkoff recebeu a notícia de que um familiar estava no hospital para uma cirurgia de emergência. Ele ficou em um dilema: cuidar do familiar ou cumprir seu compromisso profissional?

"Se estivesse lançando qualquer outro livro, eu iria dar a palestra presencialmente, mas pareceu muito hipócrita da minha parte argumentar a favor da conexão humana, da lembrança de quem realmente somos, da valorização das nossas famílias e pessoas que amamos e do nosso mundo real, e depois pegar um avião e abandonar um familiar no hospital", disse ele na abertura da palestra, que foi feita virtualmente.

Rushkoff é sempre uma figura controversa nesses eventos. Você verá o CEO de uma grande empresa de tecnologia defendendo os carros autônomos e outro palestrante defendendo o uso do *blockchain*, e então Douglas Rushkoff subirá ao palco para perguntar: "Por que razão estamos usando essas tecnologias? Isso serve aos humanos de que forma?". Seus livros *Throwing Rocks at the Google Bus: How Growth Became the Enemy of Prosperity* e *Life Inc.: How the World Became a Corporation and How to Take It Back* questionam o insustentável modo de vida moderno, no qual humanos exaustos parecem servir às engrenagens de um sistema econômico inane, em vez de investirem em sistemas que possibilitem uma vida agradável para todos.

Em *Team Human*, publicado no Brasil com o título *Equipe humana*, Rushkoff analisa, a partir de 100 argumentos, os impactos da tecnologia no nosso dia a dia. Questões que parecem naturalizadas nos mercados e em nossa sociedade, como a importância da competição, são colocadas em debate quando o autor explora a perspectiva de que a melhor maneira de buscar sobrevivência é a colaboração.

Nessa proposta de recuperarmos a confiança uns nos outros, o autor propõe novas questões. "Em 1960, o CEO de uma empresa típica ganhava cerca de 20 vezes mais do que seu funcionário médio. Hoje, os CEOs ganham 271 vezes o salário do trabalhador médio (...) a própria percepção da desigualdade é a principal razão pela qual os seres humanos tratam uns aos outros com menos caridade. Não é a quantidade total de abundância no sistema que promove a boa vontade das pessoas, mas a sensação de que tudo o que está disponível está sendo distribuído com justiça", explica no argumento 49.

Nos anos 1990, uma época em que estávamos ainda descobrindo a internet, as pesquisas de Rushkoff já apontavam para questões relevantes na área da tecnologia. Em livros como *Media Virus: Hidden Agendas in Popular Culture* (1995) e *Playing the Future: How Kids' Culture Can Teach Us to Thrive in an Age of Chaos* (1996), o autor já abordava temáticas como o impacto do ambiente virtual na sociedade e a chegada dos nativos digitais. O ponto central para ele sempre foi manter a essência desse novo "lugar": um experimento que nasce em rede, para as pessoas, mas que, em um algum momento, sai desse espaço e se afasta, indo em direção às organizações empresariais, utilizando dados das pessoas.

Atualmente, as plataformas digitais aproximam de fato as pessoas ou as conduzem como meros consumidores para os profissionais das áreas de *marketing*? Os algoritmos nos governam, ou ainda temos algum controle sobre eles? Como devemos agir para evitar a padronização humana em grupos de consumidores? Quais as características que nos tornam humanos e únicos? Questões como essas são exploradas por Rushkoff, sempre colocando para o leitor diferentes formas de observar o mesmo objeto e reforçando a importância de uma reflexão crítica sobre esses temas. *Equipe humana* é um manifesto pela nossa importância – nós, humanos –, como coletivo. Precisamos reconhecer a nossa diversidade, nossas ambiguidades, nossa imprevisibilidade. É necessário compreender que emoções, paixão, senso de propósito e espírito colaborativo são algumas das características que nos tornam únicos. Nossa relevância está, justamente, na compreensão de que, como coletivo, temos vantagens que derivam de nossas diferenças. Essa é a beleza de fazer parte da Equipe Humana.

Marcos Piangers, *escritor e palestrante*
Gustavo Severo de Borba, *professor e escritor*

SUMÁRIO

EQUIPE HUMANA 1

ANIMAIS SOCIAIS 9

APRENDENDO A MENTIR. 23

FIGURA E FUNDO 41

O AMBIENTE DAS MÍDIAS DIGITAIS. 57

MECANOMORFISMO. 77

ECONOMIA. 97

INTELIGÊNCIA ARTIFICIAL 117

DO PARADOXO AO DESLUMBRAMENTO 133

ESPIRITUALIDADE E ÉTICA 153

CIÊNCIA DA NATUREZA. 169

RENASCENÇA JÁ 185

ORGANIZE 197

VOCÊ NÃO ESTÁ SOZINHO 209

Notas 217

EQUIPE HUMANA

1.

Tecnologias autônomas, mercados descontrolados e mídia belicosa parecem ter colocado a sociedade civil de pernas para o ar, paralisando nossa capacidade de pensar de modo construtivo, de desenvolver conexões significativas ou de agir com propósito. É como se a própria civilização estivesse à beira do abismo e nos faltasse a força de vontade e a coordenação coletivas necessárias para abordar questões de vital importância para a própria sobrevivência de nossa espécie.

Não precisa ser assim.

2.

Todos se perguntam como chegamos a esse ponto, como se houvesse ocorrido um acidente que nos lançou em uma situação de incoerência coletiva e de perda de autonomia. Não foi isso. Há uma razão para a situação atual: uma agenda anti-humana incorporada em nossa tecnologia, nossos mercados e nossas principais instituições culturais – da educação e da religião à formação cívica e à mídia. Foi isso que transformou esses elementos, que deixaram de ser forças de conexão e expressão humanas para se tornarem forças de isolamento e repressão.

Ao desnudar esse plano, tornamo-nos capazes de transcender seus efeitos paralisantes, reconectando-nos uns aos outros e refazendo a sociedade para fins humanos, e não para o fim dos humanos.

3.

O primeiro passo para reverter nossa situação é reconhecer que ser humano é um esporte coletivo. Não podemos ser totalmente humanos sozinhos. Qualquer coisa capaz de nos unir promove a nossa humanidade. Da mesma forma, tudo o que nos separa nos torna menos humanos e menos capazes de exercer nossa vontade individual ou coletiva.

Usamos nossas conexões sociais para nos orientar, para garantir a sobrevivência mútua e para encontrar significado e propósito. Não se trata apenas de uma noção pitoresca, mas de nosso legado biológico. As pessoas que se desconectam das organizações ou comunidades que frequentam geralmente definham sem elas.

Às vezes, unimo-nos uns aos outros para atingir algum objetivo comum, como encontrar comida ou fugir de um predador. Mas também nos aproximamos e nos comunicamos sem uma necessidade clara – porque, com isso, ganhamos força, obtemos prazer e definimos objetivos à medida que desenvolvemos afinidade. Você está aí? Sim, posso ouvir você. Você não está sozinho.

4.

Ampliamos nossa capacidade natural de nos conectar inventando várias formas de comunicação. Mesmo um meio de mão única, como um livro, cria uma nova intimidade, pois nos permite ver o mundo pelos olhos de outra pessoa. A televisão nos permite testemunhar o que está acontecendo com as pessoas em todo o planeta, e fazer isso em massa. Na TV, assistimos juntos, simultaneamente, a eventos como o pouso na Lua e a queda do Muro de Berlim, e vivenciamos nossa humanidade coletiva como nunca fomos capazes antes.

Semelhantemente, a internet nos conecta de maneira mais específica e, de certo modo, mais reconfortante do que qualquer outra mídia anterior. Com o desenvolvimento da internet, a tirania da mídia de radiodifusão – e suas decisões tomadas de cima para baixo – parecia ter sido quebrada pelas conexões ponto a ponto e pela liberdade de expressão de cada nó humano na rede. A rede transformou a mídia novamente em um cenário coletivo, participativo e social.

Entretanto, como aparentemente acontece com todo e qualquer novo meio, a rede deixou de ser uma plataforma social para se tornar uma plataforma de isolamento. Em vez de engendrar novos relacionamentos entre as pessoas, as tecnologias digitais vieram para substituí-los por outra coisa.

Vivemos com uma abundância de tecnologias de comunicação à nossa disposição. Nossa cultura é composta mais de experiências mediadas do que daquelas diretamente vividas. No entanto também estamos mais sozinhos e atomizados do que nunca. Nossas tecnologias mais avançadas não estão melhorando a formação de um vínculo, mas impedindo que ela aconteça. Elas estão substituindo e desvalorizando nossa humanidade, minando, de muitas maneiras, o respeito que temos uns pelos outros e por nós mesmos. Infelizmente, isso foi planejado. Mas também é por essa razão que isso pode ser revertido.

5.

Estamos incorporando algumas noções muito antiquadas e depreciativas sobre os seres humanos e o seu lugar na ordem natural da infraestrutura tecnológica do futuro. Engenheiros de nossas principais empresas de tecnologia e universidades tendem a ver as pessoas como o problema e a tecnologia como a solução.

Quando eles não estão desenvolvendo interfaces para nos controlar, estão construindo inteligências para nos substituir. Qualquer uma dessas tecnologias poderia ser direcionada para ampliar as nossas capacidades humanas e o poder da coletividade. Em vez disso, elas são implantadas de acordo com as demandas de um mercado, uma esfera política e uma estrutura de poder que dependem do isolamento humano e da previsibilidade para operar.

O controle social busca impedir o contato social e explorar a desorientação e o desespero decorrentes. Os seres humanos evoluíram com a capacidade de engendrar um número maior de conexões sociais. O desenvolvimento do nosso cérebro, da linguagem, da escrita, da mídia eletrônica e das redes digitais foi impulsionado por nossa necessidade de níveis mais elevados de organização social. A rede – apenas o mais recente desses avanços – desafia-nos com a possibilidade de que o pensamento e a memória possam não ser absolutamente pessoais, mas atividades de grupo. Esse potencial, entretanto, foi ofuscado por uma profunda desconfiança sobre como os seres humanos se comportariam como um coletivo empoderado bem como uma crescente consciência de que pessoas realizadas sob o ponto de vista social precisam de menos dinheiro, sentem menos vergonha, comportam-se de forma menos previsível e agem de maneira mais autônoma.

Pessoas que pensam, sentem e estão conectadas enfraquecem as instituições que tentam controlá-las. Isso sempre foi assim. É por isso que novos mecanismos para criar laços e estabelecer a cooperação entre as pessoas são, quase inevitavelmente, voltados contra esses fins. A linguagem que poderia informar é usada para mentir. O dinheiro que poderia promover o comércio é, em vez disso, acumulado pelos ricos. A educação que poderia expandir as mentes dos trabalhadores é usada para torná-los recursos humanos mais eficientes.

Ao longo do caminho, visões cínicas das pessoas como uma multidão irracional, incapaz de se comportar de maneira inteligente e pacífica são usadas para justificar o fato de sermos mantidos separados e termos negados papéis como atores autônomos em qualquer uma dessas áreas da vida. Nossas instituições e tecnologias não são projetadas para estender nossa natureza humana, mas para refreá-la ou reprimi-la.

Uma vez que nossa humanidade é vista como uma desvantagem em vez de uma força, o impulso cultural e a busca espiritual que resultam dessa impressão buscam transcender nossa personalidade: uma jornada fora do corpo, afastada de nossa humanidade, além da matéria e em qualquer substrato – seja éter, ondas elétricas, realidade virtual ou IA – que transformamos em fetiche naquele momento.

6.

As redes digitais são apenas a mídia mais recente a passar da promoção de vínculos sociais para a destruição deles – de promoção da humanidade para sua suplantação. No entanto, nossa mudança atual pode ser mais profunda e permanente, porque desta vez estamos habilitando tecnologias anti-humanas com a capacidade de se reformular. Nossos dispositivos inteligentes avançam e evoluem mais rápido do que nossa biologia.

Também estamos vinculando nossos mercados e nossa segurança ao crescimento contínuo e à capacidade de expansão de nossas máquinas. Isso é autodestrutivo. Dependemos cada vez mais de tecnologias construídas com a presunção da inferioridade humana e sua irrelevância.

Entretanto a velocidade sem precedentes dessa última reversão do alcance social para a aniquilação social também nos oferece uma oportunidade de entender o processo pelo qual isso acontece. Assim que o fizermos, reconheceremos como isso ocorreu de inúmeras maneiras ao longo da história – da agricultura e da educação ao dinheiro e à democracia.

Nós, humanos – em uma única geração – estamos passando por uma virada no ciclo em tempo real. Esta é a nossa chance. Podemos escolher não mais nos adaptar a ela, mas nos opor a ela.

7.

É hora de reafirmarmos a agenda humana. E devemos fazer isso juntos – não como os atores individuais que fomos levados a imaginar que somos, mas como a equipe que realmente somos.

A Equipe Humana.

ANIMAIS SOCIAIS

8.

A natureza é um ato colaborativo. Se os humanos são a espécie mais evoluída, isso se deve apenas ao fato de que desenvolvemos as formas mais avançadas de trabalhar e agir juntos.

Fomos condicionados a acreditar no mito de que o cerne da evolução é a competição: a sobrevivência do mais apto. Segundo essa visão, cada criatura disputa recursos escassos contra todas as outras. Apenas os mais fortes sobrevivem e transmitem seus genes superiores, enquanto os fracos merecem perder e perecer.

Mas a evolução tem tanto a ver com cooperação quanto com competição. Nossas próprias células são o resultado de uma aliança firmada há bilhões de anos entre as mitocôndrias e seus hospedeiros. Indivíduos e espécies progridem ao desenvolver formas de apoiar a sobrevivência mútua. Um pássaro desenvolve um bico que permite que ele se alimente de alguma parte de uma planta que outros pássaros não conseguem alcançar. Isso introduz diversidade na dieta da população, reduzindo a pressão sobre determinado suprimento de alimentos e fazendo com que haja mais para todos. Você pode se perguntar: e quanto à pobre planta? Os pássaros, assim como as abelhas, ajudam a planta, espalhando suas sementes depois de comerem os frutos.

A sobrevivência do mais apto não passa de uma justificativa do *ethos* cruel de um mercado competitivo, do cenário político e da cultura. Essa perspectiva, porém, se vale de uma má interpretação das teorias de Darwin e de seus sucessores. Ao ver a evolução por meio de lentes estritamente competitivas, perdemos o lado mais abrangente da história de nosso próprio desenvolvimento social e enfrentamos dificuldades em entender a humanidade como uma grande equipe interconectada.

As criaturas biológicas mais bem-sucedidas coexistem em ecossistemas cujos benefícios são mútuos. É difícil reconhecermos uma cooperação tão difundida. Nossa tendência é considerar as formas de vida isoladas umas das outras: uma árvore é uma árvore, e uma vaca é uma vaca. Mas uma árvore não é só uma árvore – é a ponta de uma floresta. Afaste-se o suficiente para ver o todo, e a luta de uma árvore pela sobrevivência se incorpora ao seu papel mais importante na sustentação do sistema maior.

Também tendemos a deixar passar as interconexões da natureza, porque elas acontecem sutilmente, fora do radar. Não conseguimos ver ou ouvir facilmente a maneira como as árvores se comunicam. Por exemplo, em uma floresta saudável, existe uma paisagem invisível de cogumelos e outros fungos que conecta os sistemas radiculares das árvores. A rede subterrânea permite que as árvores interajam entre si e até troquem recursos. No verão, as sempre-vivas menores ficam à sombra das copas das árvores mais altas. Incapazes de alcançar a luz e fazer a fotossíntese, elas se valem dos fungos para obter os nutrientes do sol de que precisam. As árvores mais altas têm de sobra e enviam-nos para seus pares sombreados. Elas também perdem as folhas no inverno e tornam-se incapazes de promover a fotossíntese. Então, as sempre-vivas, agora expostas ao sol, enviam seus nutrientes extras para os membros desfolhados da comunidade. Já os fungos subterrâneos cobram uma pequena taxa de serviço, levando os nutrientes de que precisam como recompensa por facilitarem a troca.

Portanto o relato que aprendemos na escola sobre como as árvores da floresta competem para alcançar a luz do sol não é realmente verdadeiro. Elas colaboram para alcançar a luz do sol, variando suas estratégias e compartilhando os frutos de seus esforços.

As árvores também protegem umas às outras. Quando as folhas das acácias entram em contato com a saliva de uma girafa, elas liberam um produto químico de alerta no ar, fazendo com que as acácias próximas liberem repelentes específicos contra esses animais. A evolução as criou para se comportarem como se fossem parte do mesmo ser, que busca a autopreservação.

9.

Os animais também são cooperativos. Seus comportamentos mutuamente benéficos não são uma exceção à seleção natural, mas a própria regra.

Darwin observou como o bovino selvagem tolerava apenas brevemente ver-se separado de seu rebanho e seguia servilmente seus líderes. "Individualistas" que desafiavam a autoridade do líder ou se afastavam do grupo eram apanhados por leões famintos. Uma generalização feita por Darwin dizia que o vínculo social era um "produto da seleção". Em outras palavras, o trabalho em equipe era uma estratégia melhor para a sobrevivência de todos do que a competição.

Darwin viu, no comportamento cooperativo dos animais, o que ele acreditava ser as origens das capacidades morais humanas. Ficou maravilhado com a forma como espécies, de pelicanos a lobos, aprendiam a caçar em bandos e compartilhar a recompensa, e como os babuínos faziam para descobrir ninhos de insetos ao cooperarem entre si para levantar pedras pesadas.

Mesmo quando estão competindo, muitos animais empregam estratégias sociais para evitar conflitos, por comida ou território, que podem ser fatais. Como dançarinos de *break* desafiando uns aos outros em uma batalha ritualizada, os combatentes assumem poses ameaçadoras ou inflam o peito. Eles calculam a probabilidade de vencerem um conflito total e então escolhem um vencedor, sem que para isso realmente precisem lutar.

O combate virtual beneficia não apenas aquele que seria morto, mas também o vencedor, que poderia acabar ferido. O perdedor está livre para procurar outra coisa para comer, em vez de perder tempo – ou membros – em uma luta inútil.

10.

A evolução pode ter menos a ver com desbancar seus pares do que com aprender a conviver com mais deles.

Costumávamos acreditar que os seres humanos desenvolveram cérebros maiores do que os chimpanzés a fim de fazer um melhor mapeamento espacial do ambiente ou construir ferramentas e armas mais avançadas. De uma perspectiva simplista de sobrevivência do mais apto, isso faz sentido. Primatas com ferramentas e mapas mentais melhores também seriam capazes de caçar e lutar de modo superior. Mas acontece que existem apenas pequenas variações genéticas entre hominídeos e chimpanzés, e elas se relacionam quase exclusivamente com o número de neurônios que nossos cérebros podem produzir. Não é uma diferença qualitativa, mas quantitativa. O benefício mais direto de mais neurônios e conexões em nosso cérebro é um aumento no tamanho das redes sociais que podemos formar. Cérebros complicados criam sociedades mais complexas.

Pense desta forma: um zagueiro, armador ou meio-campista, independentemente de suas habilidades, vale tanto quanto a capacidade que tem de se coordenar com os demais jogadores – um grande atleta é aquele que consegue prever os movimentos do maior número de jogadores ao mesmo tempo. Da mesma forma, os primatas em desenvolvimento ficaram para trás – menos pelo tamanho ou habilidades do que por sua inteligência social. Grupos maiores de primatas sobreviveram com mais êxito, mas exigiram um aumento em sua capacidade de lembrar de todos, administrar relacionamentos e coordenar atividades. O desenvolvimento de cérebros maiores permitiu aos seres humanos manter a colossal quantidade de 150 relacionamentos estáveis ao mesmo tempo.

Quanto mais avançado o primata, maiores seus grupos sociais. Essa é a maneira mais fácil e precisa de entender a trajetória da evolução e a relação dos humanos com ela. Mesmo que não concordemos que a organização social seja o plano mestre da evolução, devemos aceitar que ela é – no mínimo – uma grande parte do que torna humanos seres humanos.

11.

A coesão social humana é sustentada por processos biológicos sutis e por mecanismos de *feedback*. Do mesmo modo que árvores se comunicam por meio de seus sistemas radiculares, os seres humanos desenvolveram procedimentos elaborados para se conectar e compartilhar uns com os outros.

Nosso sistema nervoso aprendeu a tratar nossas conexões sociais como algo importante do ponto de vista existencial – vida ou morte. As ameaças aos nossos relacionamentos são processadas pela mesma parte do cérebro que processa a dor física. Perdas de significado social, como a morte de um ente querido, o divórcio ou a expulsão de um grupo de convívio, são vividas de forma tão intensa quanto uma perna quebrada.

Gerenciar relacionamentos sociais também exigia que os humanos desenvolvessem o que os antropólogos chamam de "teoria da mente" – a capacidade de entender e se identificar com o pensamento e as motivações de outras pessoas. De uma perspectiva evolutiva, o conceito de *self* surgiu após nossa capacidade de avaliar e rememorar as intenções e táticas dos outros. Ao contrário das mudanças culturais relativamente recentes que incentivaram ideias de identidade ou realização pessoal, nossas adaptações sociais ocorreram ao longo de centenas de milhares de anos de evolução biológica. Laços sociais duradouros aumentam a capacidade de um grupo trabalhar em conjunto, bem como suas chances de procriação. Nossos olhos, cérebro, pele e respiração são otimizados para melhorar nossa conexão com outras pessoas.

Comportamentos pró-sociais como uma simples imitação – o que é conhecido como *mimese* – fazem as pessoas se sentirem mais aceitas e incluídas, o que sustenta a coesão de um grupo ao longo do tempo. Em um experimento, as pessoas que foram imitadas de modo sutil por um grupo acabaram por produzir menos hormônio do estresse do que aquelas que não foram imitadas. Nosso corpo é adaptado para buscar e gostar de ser imitado. Quando os seres humanos estão envolvidos na mimese, aprendem uns com os outros e aprimoram o conjunto de habilidades de sua comunidade. As pistas físicas que usamos para estabelecer relacionamentos são pré-verbais. Nós as usamos para nos relacionar antes mesmo de aprendermos a falar – como bebês e como humanos primitivos, muitos milênios atrás. Mexemos as sobrancelhas quando queremos que alguém preste atenção em nós. Acompanhamos a respiração de outra pessoa quando queremos que ela saiba que sentimos empatia por ela. As pupilas de nossos olhos se dilatam quando nos sentimos receptivos ao que outra pessoa está oferecendo. Por sua vez, quando vemos alguém respirando conosco, seus olhos se abrindo para nos aceitar, sua cabeça balançando sutilmente, sentimos que estamos sendo compreendidos e aceitos. Nossos neurônios-espelho se ativam, liberando ocitocina – o hormônio do vínculo afetivo – na corrente sanguínea.

Os seres humanos se conectam tão facilmente que é como se compartilhássemos o mesmo cérebro. A ressonância límbica, como é chamada, é a capacidade de que dispomos para entrar em sintonia com os estados emocionais uns dos outros. Os estados cerebrais das mães e de seus bebês se espelham; isso aparece na ressonância magnética. A ressonância límbica é o processo pouco conhecido pelo qual o humor geral de um ambiente muda quando uma pessoa alegre ou nervosa entra, ou a maneira como alguém que ouve uma história assume o mesmo estado cerebral do contador a história. Múltiplos sistemas nervosos entram em sincronia e reagem em conjunto, como se fossem uma coisa só. Ansiamos por essa sincronia, bem como pelos hormônios da felicidade e pela regulação neural que a acompanham. É por isso que nossos filhos querem dormir conosco – seu sistema nervoso aprende a dormir e acordar espelhando o nosso. É por isso que as comédias de televisão têm uma gravação de risadas – para que sejamos persuadidos a imitar o riso de uma plateia de outras pessoas assistindo. Tentar reverberar o estado cerebral da multidão é uma coisa natural para nós.

Esses processos físicos e químicos do mundo real meticulosamente evoluídos são o que possibilitam e reforçam nossa conexão e coerência social e formam as bases para as sociedades que criamos.

12.

Graças a mecanismos sociais orgânicos, os seres humanos tornaram-se capazes de formar pares, compartilhar alimentos e até cuidar de crianças coletivamente. Nossa capacidade de sobrevivência aumentou à medida que aprendemos a orquestrar divisões simples de trabalho e a confiar uns nos outros o suficiente para realizá-las.

A conquista mais espetacular não foi a divisão do trabalho, mas o desenvolvimento do compartilhamento em grupo. Isso diferenciou os humanos de outros hominídeos: no dia da caça, esperávamos voltar para casa para comer, em vez de recebermos a recompensa imediatamente. Nós, seres humanos, somos definidos não por nossa habilidade superior de caça, e sim por nossa capacidade de nos comunicarmos, de confiarmos e de compartilharmos.

Biólogos e economistas há muito tempo rejeitam justificativas sociais ou morais para esse tipo de comportamento. Eles atribuem isso ao que chamam de "altruísmo recíproco". Uma pessoa faz uma coisa boa para outra pessoa na esperança de receber algo de volta no futuro. Ao resgatar o filho de outra pessoa de um predador perigoso, você corre o risco porque confia que o outro pai fará o mesmo por seu filho. Nessa visão, as pessoas não são em realidade tão legais; estão apenas agindo em proveito próprio de uma maneira mais complicada.

Entretanto pesquisas contemporâneas sustentam motivos mais generosos no altruísmo, que nada têm a ver com interesse próprio. Os primeiros humanos tinham uma forte disposição de cooperar uns com os outros, com grande custo pessoal, mesmo quando não havia expectativa de retorno no futuro. Os membros de um grupo que violavam as normas de cooperação eram punidos. A solidariedade e a comunidade eram valorizadas por si mesmas.

A maior conquista da evolução, a esse respeito, foi o surgimento da linguagem falada. Foi uma adaptação perigosa, que envolveu misturar a via aérea com a via alimentar, tornando-nos vulneráveis ao engasgo, mas que também nos deu a capacidade de modificar os sons que vinham de nossas cordas vocais e produzir a variedade de ruídos bucais necessários para a linguagem.

Embora a linguagem possa ter sido impulsionada pela necessidade de estruturas sociais mais complicadas e mais abrangentes, pense no imenso ato de colaboração que o desenvolvimento de uma língua exigia de seus falantes. Esse exercício multigeracional por si só acabou por alterar o tecido da sociedade e sua fé em um empreendimento cooperativo.

13.

A linguagem mudou tudo. Uma vez que as pessoas adquiriram a capacidade de falar, o desenvolvimento cultural e a coesão social não dependiam mais do aumento do tamanho do cérebro. A evolução passou de um processo puramente biológico para um processo social. Com a linguagem, os seres humanos obtiveram a capacidade de aprender com as experiências uns dos outros. A busca pelo conhecimento começou.

Outros animais, como os macacos, aprendem fazendo. A aprendizagem episódica, como é chamada, significa descobrir as coisas por si mesmo, por meio de tentativa e erro. O fogo é quente. Se você consegue se lembrar do que aconteceu na última vez em que tocou nele, não vai tocar de novo. Criaturas ainda mais simples armazenam o equivalente ao aprendizado como instintos ou comportamentos naturais, mas eles são processuais e automáticos. Os seres humanos, por outro lado, podem aprender imitando uns aos outros ou – melhor – representando suas experiências uns para os outros por meio da linguagem. Isso é incrível e pode nos fornecer a maneira mais clara de entender o que significa ser humano.

A diferença entre plantas, animais e humanos se resume ao que cada forma de vida pode armazenar, aproveitar ou – como esse conceito foi chamado – "incorporar". As plantas podem incorporar energia. Eles transformam a luz solar em energia biológica. Esparramando suas folhas, assimilam os raios ultravioleta e os transformam em energia que elas (e os animais que as comem) podem metabolizar. Mas as plantas têm, em sua maioria, raízes em um só lugar.

Os animais são móveis. Eles podem se movimentar e fazer uso de todos os recursos que possam alcançar, seja andando, correndo, pulando ou voando. A planta deve esperar pela chuva. O animal pode encontrar água em qualquer lugar ao seu alcance, ou até mesmo migrar para encontrar uma nova fonte. Enquanto a planta incorpora a energia, o animal incorpora o espaço.

As habilidades sociais, imitativas e de linguagem dos humanos nos dão ainda mais poder de incoporação. O que torna os humanos especiais é que também podemos incorporar o *tempo*. Não precisamos experimentar tudo por nós mesmos ao longo de uma única vida. Em vez disso, nos beneficiamos das experiências de nossos predecessores, que podem nos contar o que aprenderam. Como evoluímos para imitar uns aos outros, um pai pode mostrar a um filho como caçar ou como operar o controle remoto da televisão. A criança não precisa necessariamente descobrir tudo do zero. Como desenvolvemos a capacidade de falar, podemos usar a linguagem para instruir os outros. Não toque na cobra vermelha; é venenosa.

Por meio da linguagem e da instrução, os seres humanos criam uma base de conhecimento que comprime ou incorpora muitos séculos de sabedoria acumulada no período de aprendizagem de uma única geração. Não precisamos reinventar todo o conhecimento de novo, todas as vezes. Mas devemos, pelo menos provisoriamente, acreditar que as pessoas do passado têm algo a nos ensinar.

14.

Imitação, vínculo social e linguagem permitiram que os humanos avançassem, e cada uma dessas habilidades acabava por reforçar as demais. Pesquisas sugerem que a felicidade em si é menos o objetivo da coesão social do que um incentivo – mais como um suborno da natureza para que sejamos simpáticos com os outros. Mesmo as emoções não são totalmente nossas, e sim um efeito colateral de como nosso grupo social é organizado. Quanto mais próximas as pessoas estão do núcleo de uma rede social, mais felizes ficam. A felicidade não é uma função de uma experiência ou escolha individual, e sim uma propriedade de grupos de pessoas.

Segundo essa visão, nossas emoções servem simplesmente como gatilhos para novos vínculos com outras pessoas. Uma pessoa fica feliz e ri. O riso e a emoção passam a se disseminar de pessoa para pessoa pela rede. O propósito pode estar menos relacionado a espalhar felicidade e mais a ativar a rede, reforçar a conectividade e aglutinar o grupo social.

O contrário também é verdade. A falta de conexão no âmbito do grupo social leva a taxas mais altas de depressão, doenças e mortalidade. Um bebê que é privado do contato social tem dificuldade em desenvolver um sistema nervoso regulado. Homens jovens com poucas relações sociais desenvolvem altos níveis de adrenalina. Alunos solitários têm baixos níveis de células imunes. Os presos preferem a violência ao confinamento solitário. Nos EUA, o isolamento social é um problema de saúde pública maior do que a obesidade.

Ser social pode ser o ponto principal. As coisas que aprendemos uns com os outros são úteis para a logística da sobrevivência mútua, mas o próprio processo de aprendizagem – o senso de conexão, harmonia e camaradagem que desenvolvemos durante a comunicação – pode ser o prêmio maior. Talvez socializemos para viver tanto quanto vivamos para socializar.

15.

É claro que pessoas prósperas, felizes e conectadas também vivenciam a individualidade. Podemos ser sociais, mas também somos seres autônomos que gostam de exercer o livre arbítrio e ter a capacidade de fazer escolhas independentes.

Ainda assim, psicólogos e cientistas sociais reconhecem que as formas mais saudáveis de expressar nossa autonomia ocorrem dentro de um contexto social mais amplo. Fazer a escolha independente de confiar em outras pessoas, ou mesmo envolver-se em autossacrifício, permite que as pessoas sintam que estão conectadas a um projeto maior e agindo por preocupação com o bem comum. Comunicações irrestritas, uma democracia funcional, o direito à liberdade de expressão e reunião, os valores comunitários e a inclusão econômica possibilitam essas atividades. Sem uma paisagem social relativamente aberta na qual seja possível participar, só podemos nos expressar por meio da absorção em nós mesmos ou do retraimento. Experimentamos um tipo limitado de autonomia, como a de uma criança que exerce sua independência recusando-se a jantar.

Essa dinâmica é autorreforçada. Sem oportunidades positivas do ponto de vista comunitário para exercer nossa autonomia, tendemos à autopromoção em detrimento do autossacrifício e focamos no ganho pessoal em detrimento da prosperidade coletiva. Quando não conseguimos nos ver como parte de um organismo duradouro, nos concentramos em nossa mortalidade individual. Acabamos por nos envolver em atitudes fúteis de permanência, desde adquirir riquezas até controlar outras pessoas. Respondemos aos desafios coletivos, como a mudança climática, por meio da fantasia de autopreservação de um criador do juízo final. Essas atitudes limitadas se infiltram em nossas escolhas políticas e de consumo, tornando nosso cenário social menos propício à coesão social.

A saúde mental foi definida como "a capacidade tanto de expansão autônoma quanto de integração homônima com os demais".

Isso significa que nossas ações são governadas por dentro, mas direcionadas para uma interação harmoniosa com o mundo. Podemos ser conduzidos internamente, mas toda essa atividade está acontecendo em relação ao nosso ambiente social mais amplo. Só podemos expressar nossa autonomia em relação a outras pessoas. Ter autonomia sem interdependência leva ao isolamento ou ao narcisismo. Ter interdependência sem autonomia prejudica nosso crescimento psicológico. As pessoas saudáveis vivem em grupos sociais que aprenderam a equilibrar, ou melhor, casar esses dois imperativos.

APRENDENDO A MENTIR

16.

Não precisa muito para fazer uma paisagem social saudável tornar-se um cenário individualista ou repressivo. A escassez de recursos, uma tribo vizinha hostil, um senhor da guerra em busca de poder, uma elite em busca de manter sua autoridade ou uma corporação em busca de um monopólio – tudo isso promove ambientes e comportamentos antissociais.

A socialização depende tanto da autonomia quanto da interdependência; enfatizar um em detrimento do outro compromete o equilíbrio.

Por exemplo, uma estratégia de dessocialização é enfatizar o individualismo. O grupo social se decompõe em indivíduos atomizados que lutam por seu direito de realização, que acontece por meio da ascensão profissional ou do consumo pessoal. Esse sistema é frequentemente vendido para nós como liberdade. Esses indivíduos concorrentes, entretanto, nunca descobrem a verdadeira autonomia, porque lhes falta o tecido social para exercê-la.

Outro caminho para a dessocialização enfatiza a conformidade. As pessoas não precisam competir porque são todas iguais. Esse sistema mitiga o individualismo ferrenho, mas faz isso por meio da obediência – muitas vezes a um governante supremo ou a um partido que detém o monopólio do poder. A conformidade não é verdadeiramente social, no entanto, porque as pessoas estão em busca de orientação, em vez de procurarem umas às outras. Não há variação, mutação ou fluidez social; então, o conformismo acaba sendo tão dessocializador quanto o individualismo.

Essas duas abordagens dependem de um processo de separação das pessoas, umas das outras, e de minar nossos mecanismos sociais evoluídos, com o intuito de nos controlar.

17.

Qualquer um de nossos mecanismos sociais saudáveis pode se tornar uma vulnerabilidade – o que os *hackers* chamariam de *"exploits"* – para aqueles que querem nos manipular. Quando uma instituição de caridade inclui cartões comemorativos "de presente" junto com a solicitação de doação, ela está manipulando conscientemente nosso tradicional viés social que se relaciona à reciprocidade. O exemplo é banal, mas o padrão é universal. Ou sucumbimos à pressão mesmo com o conhecimento interior de que algo está errado, ou reconhecemos o estratagema, rejeitamos o apelo e nos armamos contra táticas deste tipo no futuro. Em ambos os casos, a paisagem social se desgasta. O que antes nos unia agora nos separa.

De fato, a história da civilização pode ser compreendida pelas formas como oscilamos entre a conexão social e a total alienação, e como nossas várias mídias contribuem para o processo.

Inventamos novos mecanismos para conexão e troca, desde livros e rádio até dinheiro e redes sociais. Mas, então, essas mesmas mídias se tornam os meios pelos quais ficamos separados. Os livros atingem apenas os ricos alfabetizados; o rádio incentiva a violência da multidão; o dinheiro é acumulado por banqueiros monopolistas; as redes sociais dividem os usuários em silos determinados por algoritmos.

Ao contrário dos seres humanos, a mídia e as tecnologias que desenvolvemos para nos conectar uns com os outros não são intrinsecamente sociais.

18.

A linguagem falada pode ser considerada a primeira tecnologia de comunicação. Ao contrário das pupilas dilatadas ou dos neurônios-espelho, a fala requer nossa participação consciente.

A linguagem deu aos humanos uma grande vantagem sobre nossos pares, e nos permitiu formar grupos maiores e mais bem organizados. A linguagem uniu tribos, ofereceu novas maneiras de resolver conflitos, permitiu que as pessoas expressassem emoções e – talvez o mais importante – permitiu que os anciãos transmitissem seus conhecimentos. O imperativo social da civilização agora poderia avançar mais rápido em comparação ao que a biologia poderia projetar por si mesma.

Mas a linguagem também apresentou o efeito inverso. Antes da linguagem, não existia mentira. A coisa mais próxima de mentir teria sido um comportamento como esconder um pedaço de fruta. A fala criou uma forma de deturpar ativamente a realidade para os outros.

A palavra escrita, da mesma forma, ofereceu-nos a oportunidade de começar a registrar a história, preservar a poesia, redigir contratos, forjar alianças e enviar mensagens a lugares distantes. Como meio, estendeu nossa comunicação através do tempo e do espaço, conectando pessoas de maneiras antes inimagináveis.

Quando examinamos os primeiros exemplos da palavra escrita, no entanto, vemos que ela era usada principalmente para afirmar poder e controle. Nos primeiros 500 anos após sua invenção na Mesopotâmia, a escrita foi usada exclusivamente para ajudar reis e sacerdotes a controlar os grãos e o trabalho envolvido. Sempre que a escrita apareceu, foi acompanhada de guerra e escravidão. Apesar de todos os benefícios da palavra escrita, ela também é responsável por substituir uma cultura arraigada e baseada na experiência por uma cultura abstrata e administrativa.

A imprensa de Gutenberg ampliou o alcance e a acessibilidade da palavra escrita por toda a Europa e prometeu uma nova era de alfabetização e expressão. As máquinas de imprensa, no entanto, eram rigorosamente controladas pelos monarcas, que sabiam muito bem o que acontecia quando as pessoas começavam a ler os livros umas das outras. Máquinas não autorizadas eram destruídas e seus donos, executados. Em vez de promover uma nova cultura de ideias, a imprensa reforçou o controle que vinha de cima.

O rádio também começou como um meio que envolvia as pessoas do mesmo modo. O aparelho de rádio era originalmente um transceptor – que, hoje, consideramos como rádio amador. Com a pressão das corporações para monopolizarem o espectro de radiofrequência e a busca dos governos por controlá-lo, o rádio passou de um espaço comunitário para um espaço dominado por publicidade e propaganda.

Adolf Hitler usou o novo meio aparentemente mágico do rádio para parecer estar em qualquer lugar e em todos os lugares ao mesmo tempo. Nenhuma voz havia permeado tanto a sociedade alemã antes, e o senso de conexão pessoal que isso gerou permitiu a Hitler criar um novo tipo de relacionamento com milhões de pessoas. Os chineses instalaram 70 milhões de alto-falantes para transmitir o que chamaram de "política sob demanda" em todo o país. Os ruandeses usaram o rádio até 1993 para revelar a localização de inimigos étnicos, de modo que multidões de legalistas com facões pudessem massacrá-los.

Uma vez sob o controle das elites, quase todo novo meio começa a desviar a atenção das pessoas umas das outras para as autoridades superiores. Isso torna mais fácil para as pessoas verem outras pessoas como menos do que humanas e cometerem atos de violência antes impensáveis.

A televisão também foi originalmente concebida como um grande conector e educador, mas a psicologia do *marketing* viu nisso uma maneira de espelhar a mente do consumidor e inserir nela novas fantasias – e produtos específicos. A "programação" de TV referia-se à capacidade de "programar" não o canal, e sim o telespectador. A caixa brilhante era cativante, capitalizando, talvez até sem querer, os instintos humanos mais arraigados. Em vez de sentar ao redor do fogo ouvindo as histórias uns dos outros, sentamos no sofá e olhamos para a tela. A harmonia do grupo foi substituída pela recepção em massa.

Ao mesmo tempo que a televisão encorajou uma cultura americana conformista por meio de suas representações de família e de uma utopia de consumo, ela também impulsionou um *ethos* de individualismo igualmente alienante. A televisão disse às pessoas que elas poderiam escolher suas próprias identidades da mesma forma que escolhiam seu personagem favorito em uma novela. O público espectador aceitou a premissa de bom grado, assim como o seu custo social. Os comerciais de televisão dependiam de indivíduos alienados, não de comunidades socialmente conectadas. Um comercial de jeans prometendo uma vida mais *sexy* não funciona com alguém que já está em um relacionamento satisfatório, destina-se à pessoa sentada sozinha no sofá. A cultura televisiva fomentou ainda mais a solidão ao substituir o contato humano pela imagem da marca.

A televisão foi amplamente tida como o maior contribuinte para a dessocialização da paisagem americana, o declínio dos clubes e dos grupos comunitários e a sensação de isolamento social que assola a fronteira suburbana.

Ao menos até a internet.

19.

A rede parecia oferecer autonomia pessoal ao mesmo tempo que conectava as pessoas de novas maneiras. A mitologia popular afirma que as redes de computadores começaram como uma espécie de abrigo antiaéreo informativo para o Departamento de Defesa dos Estados Unidos. Na realidade, as redes de computadores começaram como uma forma de compartilhar a capacidade de processamento. Era similar à computação em nuvem, na qual terminais desajeitados eram conectados a *mainframes* avantajados, mas primitivos. Os ciclos de processamento eram escassos, e a capacidade de formar redes permitia que muitas pessoas compartilhassem o recurso comum.

Um benefício extra dos computadores conectados era a capacidade de deixar mensagens. Quando seus colegas se conectavam, viam os pequenos arquivos de texto que você havia deixado para eles nas pastas de usuário. Assim surgiu o *e-mail*. Mensagens e outras ferramentas de conferência e quadros de avisos logo se tornaram mais populares do que a própria computação. Com o tempo, servidores individuais começaram a se conectar uns aos outros, e assim nasceu o que hoje consideramos a rede.

O setor de defesa viu nessas redes improvisadas uma forma de comunicação nova, resistente e descentralizada. Se uma parte de uma rede fosse atacada, o restante ainda poderia funcionar e até mesmo desviar das partes danificadas. Assim, o governo financiou a implementação de uma grande "rede das redes", que se tornou a internet.

Entretanto desde os primeiros dias da computação em rede, os usuários socializavam, compartilhavam receitas ou jogavam em vez de trabalhar. Embora originalmente habitada por cientistas e profissionais da defesa, a rede logo se tornou território de progressistas culturais, *geeks* e intelectuais. O governo não a queria mais e tentou vendê-la para a AT&T, mas nem mesmo a empresa de comunicação via as possibilidades comerciais de um meio livre cujo funcionamento era impulsionado pelo prazer da comunicação.

Já os *hackers* e *hippies* inspirados na internet a viam como uma extensão do sistema nervoso humano. Cada cérebro humano era entendido como um nó em uma rede gigante. As aspirações eram altas. A internet deveria transformar a humanidade no cérebro do planeta; Gaia, o espírito da Terra, se tornaria totalmente consciente.

Empresas de mídia tradicional e anunciantes, que decididamente tinham menos interesse na consciência planetária do que nos lucros trimestrais, ficaram seriamente preocupados quando souberam, em 1992, que a família média conectada à internet assistia nove horas a menos de televisão comercial por semana do que as famílias sem internet. Desse modo, adotaram uma abordagem dupla, usando seus programas e publicações para desacreditar a rede e, ao mesmo tempo, direcionando a internet para usos menos interativos e mais palatáveis para os anunciantes.

A World Wide Web foi originalmente concebida como uma maneira mais fácil de encontrar e *"hiperlinkar"* documentos de pesquisa. Sua interface visual e acionada por cliques, no entanto, parecia muito mais com a televisão do que o resto da rede, e isso atraiu o interesse do pessoal do *marketing*. Os usuários não precisavam digitar ou pensar ativamente para participar, podiam simplesmente clicar e ler ou, melhor ainda, assistir e comprar.

Para desespero dos *hippies* e *hackers* que criavam comunidades virtuais utópicas, a Web rapidamente se tornou mais um catálogo de compras do que um espaço de conversação. A conectividade entre as pessoas terminou substituída por relacionamentos de *"marketing* um a um" entre indivíduos e marcas. Milhares de empresas surgiram para vender seus produtos no *boom* das pontocom – mais empresas do que era possível para obter lucro, o que resultou na derrocada do segmento.

Os utopistas da internet declararam vitória: a rede sobreviveu a um ataque das forças do comércio e agora podia retomar sua missão de conectar a todos nós. Anunciamos que a rede era e sempre seria um "meio social".

20.

As redes sociais começaram com a melhor das intenções. Na esteira do estouro das pontocom, depois que os investidores declararam que a internet havia "acabado", uma nova geração de desenvolvedores começou a criar ferramentas editoriais que desafiavam a apresentação de cima para baixo da Web, semelhante à da TV, e permitiam que as pessoas produzissem conteúdo. Ou *fossem* o conteúdo.

Na época, parecia revolucionário. Com as mídias sociais, a rede poderia fugir do conteúdo comercial e voltar às suas raízes amadoras, servindo mais como um meio para as pessoas se encontrarem, firmarem novas alianças e compartilharem ideias não convencionais.

As novas plataformas de *blogs* que surgiram permitiram que os usuários criassem o equivalente a páginas da *web*, *feeds* de notícias e tópicos de discussão instantaneamente. Uma conta gratuita em uma plataforma de mídia social tornou-se uma base instantânea para qualquer pessoa. Os modelos simples permitiram que as pessoas criassem perfis, vinculassem suas músicas e filmes favoritos, formassem listas de amigos e estabelecessem uma nova, embora limitada, autoexpressão em um meio global.

A ênfase dessas plataformas mudou, no entanto, à medida que as empresas por trás delas passaram a buscar ganhar dinheiro. Os usuários se acostumaram a acessar serviços de internet gratuitamente em troca de ver alguns anúncios. No espaço da mídia social, os anúncios podem ser bem direcionados. A grande quantidade de informações que os usuários postavam sobre si mesmos tornou-se a base para perfis detalhados de consumidores que, por sua vez, determinavam quais anúncios alcançavam quais usuários.

A experiência de comunidade engendrada pelas mídias sociais foi rapidamente superada por um novo viés de isolamento. Os anunciantes se comunicavam individualmente com os usuários por meio de *feeds* de notícias que eram, depois, personalizados automaticamente por algoritmos. No início, isso não foi entendido como algo tão ruim – afinal, se os anunciantes estão subsidiando a plataforma da comunidade, eles não merecem um pouco da nossa atenção? Ou mesmo um pouco de nossas informações pessoais? Especialmente se vão trabalhar duro para garantir que seus anúncios sejam do nosso interesse?

Aquilo que não queríamos ou não podíamos pagar com dinheiro, agora pagaríamos com nossos dados pessoais. Mas algo maior também havia mudado. As próprias plataformas não estavam mais no negócio de entregar pessoas umas às outras; estavam no negócio de entregar pessoas aos profissionais de *marketing*. Nós humanos não éramos mais os clientes das mídias sociais: éramos o produto.

Em uma cooptação final do movimento das redes sociais, as plataformas mudaram para transformar usuários em anunciantes. Em vez de bombardear as pessoas com mensagens de empresas, as plataformas promoveram uma atualização *on-line* do boca a boca, que chamaram de "recomendações sociais". Alguns profissionais de *marketing* trabalharam para que as pessoas compartilhassem os *links* de anúncios e conteúdos de que gostavam. Outros procuraram usuários particularmente influentes e os tornaram promotores da marca – pagos, para isso, com produtos gratuitos.

A partir de então, os membros de vários grupos de afinidade e até afiliações políticas competiram entre si por curtidas, seguidores e *status* de influenciador. Essas métricas passaram a ser importantes não apenas como uma medida interessante da influência social de uma pessoa, mas também como uma forma de qualificação para patrocínios, papéis em videoclipes, convites para palestras e empregos.

A agenda social que impulsionava o que parecia ser a evolução natural de um novo meio foi, mais uma vez, subordinada ao individualismo competitivo.

21.

Um cenário de mídia cada vez mais competitivo favorece um conteúdo cada vez mais competitivo. Hoje, qualquer pessoa com um *smartphone*, página da *web* ou conta de rede social pode compartilhar suas ideias. Se essa ideia for atraente, pode ser replicada e se espalhar até atingir milhões. E assim começa a corrida. É o fim dos impulsos de colaboração que caracterizam a interação social concreta. Em seu lugar, surge outro ideal darwiniano bastardo: uma batalha pela sobrevivência do *meme* mais apto.

O termo *"media virus"* pretendia transmitir a maneira como as ideias poderiam se espalhar em um mundo com comunicações mais interativas. Um vírus biológico real tem um envoltório de proteína inédito para o organismo que lhe permite seguir pela corrente sanguínea de uma pessoa sem ser reconhecido. (Se o corpo identifica o vírus, envia anticorpos para atacá-lo.) O vírus então se liga a uma célula do organismo hospedeiro e injeta seu código genético dentro dela. O código abre caminho até o núcleo da célula e procura se interpolar no seu DNA. Quando a célula se reproduzir novamente, replicará o código do vírus junto com o seu próprio.

Então, a pessoa portadora do vírus começa a transmiti-lo para outras pessoas. O vírus continua a se replicar e se disseminar até que, finalmente, o corpo aprende a rejeitar seu código. A partir daí, a casca de proteína será reconhecida e atacada, mesmo que volte meses ou anos depois. Imunidade.

Um *media virus* funciona da mesma maneira. Tem um invólucro novo e irreconhecível – um uso de mídia único e que quebra as regras, que parece tão sensacional que não podemos deixar de divulgá-lo. Uma mulher "transmite ao vivo" seu marido morrendo de ferimentos de bala. Um político transmite fotos de seus órgãos genitais via *smartphone* para um menor de idade. Um presidente ameaça um ataque nuclear em uma mensagem pública de 140 caracteres digitada com os polegares.

Em todos os casos, a proliferação inicial da história tem mais a ver com o meio do que com a mensagem. A casca viral não é apenas um fenômeno da mídia, mas uma forma de chamar atenção e paralisar as faculdades críticas de uma pessoa. Esse momento de confusão cria a oportunidade para a infecção.

O vírus continua a se replicar somente se seu código puder desafiar o nosso com sucesso. É por isso que as ideias dentro do vírus – os *memes* – são de fato importantes. Um acidente de carro fatal atrai nossa atenção por causa do espetáculo, mas se insinua em nossa psique por causa da nossa relação conflituosa com a operação de máquinas tão perigosas ou por causa da maneira como interrompe a negação contínua da nossa própria mortalidade.

Da mesma forma, um vírus contagioso da mídia atrai a atenção das massas por sua espetacular reviravolta na TV ou na internet, mas depois penetra na psique cultural ao desafiar ansiedades reprimidas coletivamente. O vídeo de vigilância de uma *van* da polícia atropelando um suspeito negro relembra a história vergonhosamente não reconhecida da escravidão e o racismo contínuo nos Estados Unidos. O *feed* de mídia social de um *bot* neonazista na Noruega pode estimular um ressentimento latente com a dissolução das identidades nacionais da União Europeia.

O incrível é que não importa de que lado as pessoas estejam para serem infectadas pelo *meme* e instigadas a replicá-lo. "Olha o que essa pessoa disse!" é motivo suficiente para divulgá-la. Nas polêmicas mídias sociais em torno das eleições, os *memes* mais racistas e sexistas são republicados menos por seus defensores do que por seus adversários indignados. Isso porque os *memes* não competem pelo domínio apelando para nosso intelecto, nossa compaixão ou qualquer coisa relacionada à nossa humanidade – competem para acionar nossos impulsos mais automáticos.

22.

Não é possível para nós projetar uma sociedade por meio da "*memética*" da mesma forma que um biólogo seria capaz de projetar um organismo por meio da genética. Fazer isso seria ignorar nossas faculdades superiores, nosso raciocínio e nossa autonomia coletiva. É antiético e, em longo prazo, ineficaz. Também é, deliberadamente, anti-humano.

Claro, grupos de contracultura bem-intencionados e a favor da sociedade já tentaram espalhar sua mensagem usando equivalentes a um *marketing* viral. Esses grupos subvertem os significados originais dos logotipos corporativos, fazendo com que o tremendo poder de compra de uma instituição se volte contra ela própria com uma única reviravolta inteligente. Com o advento de um novo cenário de mídia altamente interativo, os vírus da internet pareciam uma ótima maneira de fazer as pessoas falarem sobre questões não resolvidas. Segundo essa lógica, se o *meme* provoca uma resposta, então isso é algo que *deve* ser trazido à tona.

O problema é que os fins nem sempre justificam os *memes*. Hoje, as técnicas de baixo para cima utilizadas por ativistas da mídia de guerrilha estão a serviço das corporações mais ricas do mundo, dos políticos e dos profissionais de propaganda. Para eles, o *marketing* viral não serve mais para revelar desigualdade ou ameaças ambientais, é simplesmente um meio eficaz de gerar uma resposta, mesmo que essa resposta seja automática, impensada e brutal. Lógica e verdade não têm nada a ver com isso. Os *memes* funcionam provocando reações de luta ou fuga. Esses tipos de respostas são altamente individualistas. Não são pró-sociais, são antissociais.

Não que a técnica tenha sido em algum momento adequada, ou mesmo praticada com benevolência. O perigo dos vírus é que eles são concebidos para contornar o neocórtex – a parte pensante e sensível do nosso cérebro – e ir direto para o tronco cerebral mais primitivo abaixo. O *meme* da mudança climática comprovada cientificamente, por exemplo, não provoca a mesma intensidade de resposta cultural que o *meme* da "conspiração das elites!" Um ataque viral não persuadirá uma cidade devastada por uma enchente a adotar estratégias de ajuda mútua. Poderia, por outro lado, ajudar a incentivar os sobreviventes a adotar estilos mais paranoicos de autopreservação. As campanhas meméticas não falam com a parte do cérebro que entende os benefícios da tolerância, conexão social ou valorização da diferença; relacionam-se, na verdade, com o cérebro reptiliano, que entende apenas sobre predador ou presa, lutar ou fugir, matar ou ser morto.

23.

A memética, o estudo de como os *memes* se espalham e se replicam, foi popularizada pela primeira vez por um biólogo evolucionário na década de 1970. Ateu convicto, o cientista pretendia mostrar como a cultura humana evolui de acordo com o mesmo conjunto de regras de qualquer outro sistema biológico: competição, mutação e mais competição. Nada de especial para você ver aqui.

Acontece que *há* algo especial acontecendo aqui, e que faltam algumas coisas nessa explicação simplista de *memes* e genes. Nem os genes nem os *memes* determinam *tudo* sobre um organismo ou uma cultura. O DNA também não é um modelo estático, mas age de maneira diferente em diferentes situações. Os genes são importantes, mas a *expressão* desses genes é ainda mais importante. A expressão depende inteiramente do ambiente, ou da "sopa de proteínas" na qual esses genes estão nadando. É por isso que um gafanhoto domesticado pode, sob as condições certas, se transformar em um gafanhoto voraz e capaz de causar uma infestação.

Os genes não são atores de monólogos. Eles não buscam egoisticamente sua própria replicação a todo custo. A ciência mais recente os descreve como sendo quase de natureza social: os organismos obtêm informações do ambiente e uns dos outros sobre como mudar. As condições, a cultura e a conectividade são tão importantes quanto o código inicial.

Da mesma forma, os *memes* não interagem em um vácuo ideológico. Se realmente queremos entender o contágio cultural, devemos dar igual importância aos *memes*, à casca viral em torno deles e à sopa ideológica na qual eles tentam se reproduzir. Os primeiros *memetistas* viam os memes como concorrentes uns dos outros, mas isso não é bem assim. Os *memes* despertam e exploram nosso medo, ansiedade e raiva para nos manipular. Eles não estão atacando uns aos outros; estão atacando a nós, humanos.

Não é o *meme* que importa, mas a capacidade da cultura de reunir uma resposta imunológica eficaz contra ele.

24.

As tecnologias pelas quais os *memes* estão sendo transmitidos mudam tão rapidamente que é impossível reconhecer suas novas formas – seu envoltório – de antemão. Em vez disso, devemos desenvolver nosso sistema imunológico coletivo fortalecendo nossa coerência orgânica – nossa resistência aos memes socialmente destrutivos no âmbito dessas formas novas.

Isso é particularmente difícil quando os inimigos da Equipe Humana estão ocupados intensificando a guerra memética com inteligência artificial. Cada um destes algoritmos é projetado para se engajar conosco individualmente, desconectar-nos uns dos outros, neutralizar nossos mecanismos de defesa e programar nosso comportamento como se fôssemos computadores. Os anunciantes de televisão podem ter normalizado a ideia de que é possível fazer experiências com os consumidores assim como com ratos de laboratório, mas a mídia social transforma essas técnicas em armas.

Pelo menos a televisão acontecia em público. A enormidade do público era a fonte de seu poder, mas também sua força reguladora. Por medo de perder espectadores, as emissoras de TV censuravam anúncios que consideravam ofensivos. As mensagens de mídia social, por outro lado, podem custar centavos ou nada, são vistas apenas pelos indivíduos que foram definidos como alvo e são colocadas por *bots* que não se importam com suas origens ou seu conteúdo.

Além disso, quando a mídia é programada para nos atomizar e as mensagens são projetadas para provocar nossas sensibilidades reptilianas mais competitivas, é muito mais difícil engendrar uma defesa coletiva. Perdemos nossa capacidade de distinguir o real do irreal, o real do imaginário ou a ameaça da conspiração.

Os poderes que trabalham para romper o processo democrático por meio da guerra memética entendem isso muito bem. Ao contrário do que as pessoas dizem, eles investem em propaganda de todos os lados do espectro político. Os *memes* específicos que eles propagam pelas mídias sociais são menos importantes do que as reações imunes que esperam provocar.

A guerra memética, independentemente do conteúdo, desencoraja a cooperação, o consenso ou a empatia. O cérebro reptiliano que é o alvo desse processo não se envolve nesses comportamentos pró-sociais. Em vez disso, em um ambiente de *memes* hostis e isolados pelas mídias sociais, os seres humanos se tornam mais entrincheirados em suas posições e movidos pelo medo de sua sobrevivência pessoal. O pior de tudo, como essas plataformas parecem tão interativas e democráticas, vivenciamos essa degradação de nossos processos sociais como uma forma de empoderamento pessoal. Ser verdadeiramente social começa a parecer uma restrição – como o jugo do politicamente correto ou uma tolerância comprometedora daqueles cuja simples existência nos debilita.

Essa pode não ter sido a intenção da mídia social ou de qualquer uma das tecnologias de comunicação anteriores a ela – desde a linguagem. A internet não precisa ser usada contra as faculdades críticas de uma pessoa, assim como não precisamos usar a linguagem para mentir ou os símbolos escritos para inventariar escravos. Mas cada extensão de nossa realidade social em um novo meio exige que façamos um esforço consciente para não esquecer de nossa humanidade.

Devemos proteger nosso organismo humano social das próprias coisas que criamos.

FIGURA E FUNDO

25.

As invenções humanas muitas vezes acabam em conflito com suas intenções originais – ou mesmo em conflito com nós mesmos, os humanos. Uma vez que uma ideia ou instituição ganha influência suficiente, acaba por alterar o panorama básico. Em vez de a invenção servir às pessoas de alguma forma, são as pessoas que gastam seu tempo e recursos servindo *a ela*. O sujeito original torna-se o novo objeto.

Ou, melhor dizendo, a figura torna-se o fundo.

A ideia de figura e fundo foi postulada pela primeira vez por um psicólogo dinamarquês no início do século XX. Ele usou um simples recorte de papelão para testar se: as pessoas prestam atenção na imagem central ou no que estiver ao seu redor. Conhecemos esse experimento como o desenho que pode ser visto como um vaso branco – se você olhar para o centro da imagem – ou como dois rostos pretos de perfil – se você se concentrar na periferia. O modelo de percepção foi útil para psicólogos, que tentavam entender como o cérebro identifica e lembra das coisas.

O que fascina as pessoas até hoje é a maneira como a percepção da figura ou do fundo pode mudar em diferentes circunstâncias e culturas. Quando se trata da foto de uma vaca em um pasto, a maioria dos ocidentais verá a foto de uma vaca. A maioria dos orientais, por outro lado, verá a foto de um pasto. Suas percepções são tão determinadas que as pessoas que veem a figura podem não perceber grandes mudanças no fundo, e as pessoas que veem o fundo podem nem se lembrar que tipo de animal estava pastando ali.

Nenhuma percepção é melhor ou pior, nem mesmo incompleta. Se um atleta se considera como o único que importa, não percebe o valor de sua equipe – o fundo sobre o qual atua. Se o responsável pelos "recursos humanos" de uma empresa vê o funcionário como nada mais do que uma engrenagem da empresa, ele não considera o valor e a autonomia da pessoa em particular – a figura. Quando perdemos a noção de figura e fundo, esquecemos quem está fazendo o quê para quem e por quê. Corremos o risco de tratar outras pessoas como objetos. Pior ainda: incorporamos esses valores em nossas organizações ou os codificamos em nossas tecnologias. Aprendendo a reconhecer inversões de figura e fundo, podemos nos libertar dos sistemas que nos escravizaram.

26.

As inversões de figura/fundo são fáceis de detectar quando você sabe onde olhar e talvez *como* olhar.

Veja o caso do dinheiro: foi originalmente inventado como uma forma de preservar valor e possibilitar transações. O dinheiro era o meio para a função primária do mercado de troca de valor. O dinheiro, nesse caso, era o fundo, e o mercado, a figura. Hoje, a dinâmica é invertida: a própria obtenção do dinheiro tornou-se o objetivo central, e o mercado, apenas um meio de atingir esse objetivo. O dinheiro tornou-se a figura, e o mercado cheio de gente tornou-se o fundo.

Compreender essa inversão torna mais fácil perceber o absurdo da forma destrutiva que o capitalismo corporativo assumiu atualmente. As corporações destroem os mercados dos quais dependem ou vendem suas divisões mais produtivas para aumentar a lucratividade nos relatórios trimestrais. Isso acontece porque o principal produto de uma empresa não é mais aquilo que ela oferece aos consumidores, e sim as ações vendidas aos investidores. A figura tornou-se o fundo.

Ou pense no modo como o ideal de educação das pessoas foi suplantado por seu oposto utilitarista. As escolas públicas foram originalmente concebidas como uma forma de melhorar a qualidade de vida dos trabalhadores. Ensinar as pessoas a ler e escrever nada tinha a ver com torná-las melhores mineradoras de carvão ou lavradoras; o objetivo era garantir às classes menos privilegiadas acesso às grandes obras de arte, literatura e religião. Uma boa educação também era um requisito para o funcionamento da democracia. Se o povo não tiver a capacidade de fazer escolhas embasadas, então a democracia pode facilmente decair para a tirania.

Com o tempo, à medida que o dinheiro dos impostos se tornava escasso e a competição entre as nações acirrava-se cada vez mais, as escolas foram obrigadas a provar seu valor de forma mais concreta. O lançamento do satélite Sputnik pelos soviéticos na década de 1960 levou os Estados Unidos a começarem a oferecer matemática avançada no ensino médio. Da mesma forma, para os pobres em particular, a escola tornou-se um meio de ascensão social. A conclusão do ensino médio ou superior abre oportunidades de emprego que, de outra forma, permaneceriam fechadas – outra razão boa, embora utilitarista, para estudar.

Entretanto, quando passamos a ver a vantagem competitiva e a oportunidade de emprego como os propósitos fundamentais da educação – em vez de seus benefícios secundários –, algo estranho começa a acontecer. Currículos inteiros são reescritos para ensinar as habilidades que os alunos precisarão no local de trabalho. As escolas consultam as empresas para descobrir o que tornará os alunos mais valiosos para o mercado. As empresas, por sua vez, conseguem repassar os custos de formação de seus funcionários para a rede pública de ensino, uma vez que as escolas renunciam à sua missão de ampliar os horizontes da classe trabalhadora em favor do propósito mais imediato de prepará-la para o trabalho.

Em vez de compensar a característica utilitarista da vida dos trabalhadores, a educação torna-se uma extensão dela. Aprender era o propósito – a figura – no modelo original de educação pública; agora é o fundo – ou apenas o meio pelo qual os trabalhadores são preparados para seus empregos.

27.

As tecnologias aparentam não ter segundas intenções. A automação e a obscuridade que as caracterizam fazem com que situações bastante singulares pareçam normais e naturais.

Por exemplo, a maioria dos americanos aceita a premissa de que precisa de um carro para ir trabalhar. E um carro melhor significa um deslocamento mais agradável. Isso, no entanto, ocorre apenas porque esquecemos que nossos deslocamentos a pé ou de bonde foram desmantelados à força pela indústria automobilística. A geografia da paisagem suburbana foi determinada muito mais pela promoção da venda de automóveis, que se tornariam obrigatórios para os trabalhadores, do que pela preocupação com nossa qualidade de vida. O automóvel tornou a casa e o trabalho menos – não mais – acessíveis um ao outro, mesmo que o carro pareça melhorar o deslocamento.

Uma vez invertidos a figura e o fundo, a tecnologia apenas disfarça o problema.

Na educação, isso assume a forma de cursos *on-line* que prometem todos os resultados práticos por uma fração do custo e da inconveniência. Os objetivos mais elevados de aprendizado ou enriquecimento cultural são ridicularizados como comodismo ineficiente ou lugar de esnobes decadentes. Os cursos *on-line* não exigem um *campus* ou mesmo um professor presencial. Um currículo de vídeos e aulas interativas – adequado às necessidades do cliente e gerado por algoritmos – é personalizado para cada aluno. É o auge da educação utilitarista. Os resultados de aprendizagem específicos são otimizados, e a aquisição de habilidades pode ser avaliada por meio de testes – também via computador.

É claro que, quando uma empresa *on-line* está avaliando sua própria eficácia, está fadada a fazer determinações positivas. Mesmo quando as empresas não inclinam a balança a seu favor, a tecnologia empregada tenderá a medir apenas os valores educacionais que foram programados nela.

As aulas automatizadas servem para habilidades rudimentares relacionadas ao trabalho, como reparo de máquinas, procedimentos médicos simples ou entrada de dados, mas são terríveis para o pensamento criativo e a interpretação. Da mesma forma, não funcionam muito bem para aprender programação, e é por isso que os desenvolvedores mais sérios acabam abandonando as escolas de programação *on-line* e indo para *boot camps* de programação da vida real, com instrutores humanos e colegas em dificuldades. As pessoas que aprendem pelo computador não são incentivadas a inovar, estão simplesmente sendo treinadas para realizar tarefas. Podem fazer isso repetidas vezes, mas são incapazes de analisar ou questionar os sistemas para os quais estão contribuindo. Quanto mais as faculdades e universidades presenciais incorporam os métodos de seus concorrentes *on-line*, menos desse aprendizado profundo são capazes de oferecer.

Por esses motivos, muitos dos engenheiros, desenvolvedores e empreendedores mais ambiciosos acabam abandonando a faculdade. Um bilionário da tecnologia oferece US$ 100.000 a 20 jovens todo ano para que abandonem a universidade e sigam suas próprias ideias. A mensagem que ele está passando para os alunos é clara: se você quer chegar a algum lugar significativo, não se preocupe com a escola.

Quando reduzimos a educação à sua função utilitária, ela também pode ser realizada por computadores. Além disso, como argumentaria o bilionário antieducação, as pessoas aprendem melhor as habilidades profissionais no próprio trabalho – como estagiários ou funcionários iniciantes. Mas as pessoas que descartam a educação com tanta facilidade esqueceram *para que* serve a escola realmente.

Um educador presencial oferece mais do que o conteúdo de um curso. A interação humana e a presença são componentes importantes de uma pedagogia eficaz. Além disso, um professor dá o exemplo ao incorporar os ideais de aprendizagem e pensamento crítico. De posse de um espírito de investigação, o professor demonstra o processo de aprendizagem para os alunos imitarem. O próprio ato de mimésis é importante: um ser humano aprendendo pela observação do outro, atentando aos detalhes sutis, estabelecendo afinidade e se conectando à história. É a prática antiga de pessoas imitando pessoas, encontrando modelos e continuando um projeto de uma geração para outra.

O envolvimento social humano é o principal; as aplicações utilitaristas são apenas a desculpa. Quando permitimos que esses dois sejam invertidos, a figura se torna o fundo.

28.

Sob o pretexto de resolver problemas e facilitar a nossa vida, a maioria das inovações tecnológicas apenas tira as pessoas da vista ou do caminho. Este é o verdadeiro legado da Era Industrial.

Considere a famosa invenção de Thomas Jefferson, o elevador de comida. Pensamos nele como uma conveniência: em vez de carregar comida e vinho da cozinha para a sala de jantar, os criados poderiam colocar itens no pequeno elevador e içá-los por meio de cordas. A comida e a bebida apareciam como num passe de mágica. Mas o propósito do elevador não tinha nada a ver com minimizar esforços; seu verdadeiro propósito era esconder o crime grotesco da escravidão.

Isso pode ser menos culpa da tecnologia do que da maneira como escolhemos usá-la. A Era Industrial nos trouxe muitas inovações mecânicas, mas em pouquíssimos casos elas realmente tornaram a produção mais eficiente – elas simplesmente tornaram a competência humana menos importante, para que os trabalhadores pudessem receber menos. Os trabalhadores da linha de montagem precisavam aprender apenas uma única tarefa simples, como pregar uma tachinha na sola de um sapato. O treinamento durava minutos em vez de anos e, se os trabalhadores reclamassem de seus salários ou condições, poderiam ser substituídos no dia seguinte.

O sonho dos industriais era substituir todos eles – por máquinas. Os consumidores dos primeiros produtos manufaturados adoravam a ideia de que nenhuma mão humana estava envolvida na sua criação. Ficavam maravilhados com as bordas usinadas sem costura e os pontos perfeitamente espaçados dos produtos da Era Industrial. Não havia nenhum vestígio de atividade humana.

Ainda hoje, os trabalhadores chineses "finalizam" *smartphones* limpando todas as impressões digitais com um solvente altamente tóxico que comprovadamente encurta a vida de quem o utiliza. É muito importante para os consumidores acreditar que seus dispositivos foram montados por mágica, e não pelos dedos de crianças mal pagas e envenenadas. Criar a ilusão de nenhum envolvimento humano na realidade custa vidas humanas.

É claro que a produção em massa de bens requer *marketing* de massa – o que se provou igualmente desumano. Se antes as pessoas compravam produtos de quem os fabricava, agora a produção em massa separa o consumidor do produtor e substitui esse relacionamento humano pela marca. Antes as pessoas costumavam comprar aveia do moleiro da vizinhança, agora elas vão à loja e compram uma caixa enviada de mil quilômetros de distância. A imagem da marca – neste caso, um quaker sorridente – substitui o relacionamento humano real e é cuidadosamente projetada para nos atrair mais do que o faria uma pessoa de verdade.

Para conseguir isso, os produtores recorreram novamente à tecnologia. A produção em massa levou ao *marketing* de massa, mas o *marketing* de massa precisava uma mídia de massa para atingir as massas de fato. Podemos gostar de pensar que o rádio e a TV foram inventados para que os artistas pudessem alcançar audiências maiores, mas a proliferação da mídia de transmissão de programas foi subsidiada pelas novas marcas nacionais dos Estados Unidos, que ganharam acesso aos consumidores de costa a costa. Os comerciantes da época acreditavam que estavam cumprindo um dever patriótico: promover a fidelidade a marcas do mercado de massa que simbolizavam os valores e a engenhosidade americanos. Mas o dano colateral foi imenso.

A cultura do consumo nasceu, e as tecnologias de mídia se tornaram a principal forma de persuadir as pessoas a desejar posses em vez de relacionamentos e *status* social em vez de conexões sociais. Quanto menos frutíferos os relacionamentos na vida de uma pessoa, mais essa pessoa se torna um alvo para relacionamentos artificias. O tecido social foi desfeito.

Desde pelo menos a Era Industrial, a tecnologia tem sido usada como uma forma de tornar os seres humanos menos valorizados e essenciais para o trabalho, os negócios e a cultura. Este é o legado que a tecnologia digital herdou.

29.

No ambiente de mídias digitais, é particularmente fácil que as dimensões de figura e fundo – pessoas e suas invenções – invertam os papéis. Como grande parte desse cenário é definido como uma coisa ou outra, os seres humanos geralmente se tornam participantes mais passivos e automáticos em comparação com o código que define ativamente o terreno e influencia nossos comportamentos.

Se não sabemos realmente o que algo está programado para fazer, é provável que esteja *nos* programando. Quando isso acontece, podemos muito bem ser nós mesmos as máquinas.

Por exemplo, a guerra memética trata a figura – o ser humano – como fundo. Em um ambiente de mídia digital, os *memes* se tornam mais do que *slogans* ou ideias cativantes; são uma forma de código, projetado para infectar a mente humana e depois transformar essa pessoa em um replicador do vírus. O *meme* é o *software*, e a pessoa é a máquina.

O *meme* tem um objetivo: ser reproduzido. Ele entra no ser humano, incitando confusão, excitação, pânico ou raiva e estimulando o hospedeiro a transmiti-lo. O *meme* está emitindo um comando:

faça-me. E seja por meio do boca a boca, das redes sociais, do *link* do vídeo viral, seja por meio da concordância com o *meme* ou da sua rejeição indignada, o humano infectado obedece.

    Essa automação tende a se reforçar. Quanto mais consideramos as pessoas como replicadores desumanizados de *memes*, mais provável que tratemos uns aos outros como máquinas a serem operadas, e não como pares com quem colaborar. Em combinação com outros estilos de manipulação e acionamento, acabamos em um mundo onde o sucesso nos negócios, na política ou mesmo no namoro parece depender de nossa capacidade de controlar os outros. Nossas atividades essencialmente sociais tornam-se inteiramente instrumentalizadas, perdendo a conexão com seu propósito maior. Sob o pretexto de melhorar as probabilidades ou dispor de um leque de escolhas mais amplo, abrimos mão da conexão e do significado reais. Nós nos transformamos em meros instrumentos.

    A grande mudança aqui é que nossas tecnologias costumavam ser os instrumentos. Eram extensões de nossa vontade – expressões de nossa autonomia como seres humanos. Com elas, recebíamos mais opções. É claro que cada nova escolha oportunizada pelas nossas tecnologias traziam também o risco de nos alienar de nossas conexões primordiais com a natureza e uns com os outros. O fogo permite-nos viver em lugares frios demais para a habitação humana. Luzes elétricas nos permitem ficar acordados e fazer coisas até tarde da noite. Os aviões nos permitem viajar por uma dúzia de fusos horários em um único dia. Sedativos nos permitem dormir no avião, estimulantes nos acordam quando chegamos e estabilizadores de humor nos ajudam a lidar com o estresse de viver assim. O nascer e o pôr do sol são imagens para a área de trabalho do computador.

    À medida que nos afastamos dos relógios biológicos que davam um sentido à nossa vida cotidiana, tornamo-nos mais dependentes de indicações artificiais. Começamos a viver como se estivéssemos em um *shopping* ou cassino, onde o dia e a noite – assim como o desejo – são programados pelo ambiente. Tudo faz parte de uma *estratégia* criada por algo ou alguém, mesmo que paredes, luzes, teto e sinalização pareçam características do mundo natural. Estamos sendo otimizados por algo fora de nós mesmos, para propósitos que nem conhecemos. A música ambiente do supermercado é programada para aumentar o ritmo com que colocamos as coisas em nossos carrinhos de compras, enquanto a iluminação do escritório muda para aumentar nossa produtividade durante a "calmaria" da tarde.

Nesse particular, o mundo digital em que vivemos é como o melhor cassino. Pode ter começado como uma série de ferramentas para propósitos específicos – planilhas, processadores de texto, calculadoras, mensagens, calendários, listas de contatos –, mas essas ferramentas deixaram de ser analogias ou metáforas para atividades da vida real e se tornaram seus substitutos. Nossas tecnologias mudam: deixam de ser as ferramentas que as pessoas usam e se tornam os ambientes em que as pessoas agem.

Pense na maneira como os gráficos de *videogame* avançaram de vetores brutos indicando espaçonaves ou asteroides para simulações de mundos com mapeamento de texturas e imagens em alta resolução. A jogabilidade nunca dependeu do realismo, assim como uma reprodução autêntica de uma arma não é melhor do que um pedaço de pau num jogo de polícia e bandido. Quanto mais realisticamente um mundo de jogo for retratado, menos jogo estará envolvido e mais facilmente o jogador será manipulado para gastar mais tempo, energia ou dinheiro nesse universo alternativo. À medida que o jogo vai do brinquedo à simulação, o jogador se torna o jogado. Da mesma forma, à medida que a tecnologia passa de ferramenta para substituição, os humanos que a usam passam de usuários para aqueles que são usados.

Sim, o mundo digital oferece mais alternativas – mas não são os humanos, ou pelo menos não os usuários, que as definem.

30.

Aqueles de nós que testemunharam o surgimento da era interativa acreditavam originalmente que a tecnologia digital traria de volta as capacidades e as prioridades humanas que a industrialização havia subjugado.

As primeiras ferramentas interativas, como o controle remoto da televisão, mudaram nossa relação com a programação. Quebrar o cativante feitiço da televisão costumava exigir caminhar até o aparelho e girar fisicamente um botão, mas então o controle remoto nos permitiu escapar com o micromovimento de um único dedo. À medida que a televisão a cabo expandia as ofertas, vimo-nos assistindo menos a um determinado programa de TV e "brincando" com a própria TV: passando de um canal para outro e acompanhando vários programas, ou observando as semelhanças e contrastes entre eles.

Ampliando a brincadeira, o *joystick* transformou a televisão em um console de jogos. Por mais emocionante que Pong ou Space Invaders possam ter sido, a mera capacidade de mover os *pixels* na tela parecia revolucionária. Assim como o controle remoto nos permitiu desconstruir o conteúdo, o *joystick* desmistificou a tecnologia. O *pixel* não era mais domínio exclusivo das redes corporativas de notícias e das estrelas de Hollywood, mas algo que podia ser manipulado por qualquer um. Da mesma forma, o gravador de vídeo transformou os espectadores em produtores, quebrando o monopólio do espaço da tela.

Por fim, o teclado e o *mouse* do computador transformaram a TV: o que era um monitor virou um portal. A internet nos deu a capacidade de compartilhar, distribuir nossa própria mídia e promover ideias de baixo para cima. Surgia um meio que parecia conectar as pessoas em vez de nos alienar uns dos outros. O conteúdo tornou-se menos importante do que o contato. A internet serviria como ajuda corretiva para uma sociedade dessocializada pela televisão comercial.

Infelizmente, as pessoas e empresas que ainda investiam pesadamente nos valores da Era Industrial buscaram desfazer o impacto libertador do controle remoto, do *joystick* e do *mouse*. A indústria de tecnologia não estava atacando conscientemente a autonomia humana tanto quanto reforçando o papel de seus usuários como consumidores passivos dos quais se busca extrair valor.

As revistas da indústria da internet declararam que estávamos vivendo em uma "economia da atenção", em que os lucros de uma empresa dependeriam de sua capacidade de arrancar horas de atenção dos usuários. Crianças que usavam o controle remoto para escapar de comerciais e surfar em conteúdo manipulativo a partir de uma distância segura eram acusadas de ter sua capacidade de concentração perigosamente diminuída. De que outra forma, porém, as crianças deveriam responder a um mundo em que a cada lugar para o qual olhassem havia um anúncio? Como o número de prescrições de anfetaminas para jovens continua a dobrar a cada poucos anos, devemos pelo menos considerar os fatores ambientais que contribuíram para o déficit de atenção generalizado e questionar se temos drogado indiscriminadamente alguns jovens para que obedeçam.

Enquanto isso, as interfaces de computador tornaram-se desnecessariamente inacessíveis. Os primeiros computadores podiam ser controlados com comandos digitados simples. Aprender a usar um computador era a mesma coisa que aprender a programar um computador. Sim, demorava algumas horas, mas colocava o usuário em uma posição de autoridade sobre a máquina. Se um programa não pudesse fazer algo, o usuário saberia se era porque o computador era incapaz de realizar essa função ou porque o programador simplesmente não queria que o usuário pudesse fazer aquilo.

Em um esforço para tornar os computadores mais fáceis de *usar*, os desenvolvedores criaram metáforas elaboradas para mesas de trabalho e arquivos. Os consumidores ganharam um acesso mais rápido ao uso de um computador, mas distanciaram-se ainda mais da programação. Um sistema operacional exigia que os usuários convocassem "o Assistente" para instalar o *software*; certamente foi concebido como um recurso de ajuda amigável, mas a escolha de um assistente destacou o nível de mistério que o funcionamento interno de um diretório de aplicativos deveria ter para o usuário comum.

Por fim, a nova cultura de contato possibilitada pelas redes digitais estava se mostrando nada lucrativa e foi substituída por um *ethos* em toda a indústria com foco na perspectiva de que "conteúdo é o que importa". Claro, o conteúdo não era a mensagem da rede; o contato social era. Estávamos testemunhando as primeiras transmissões sinápticas de um organismo coletivo tentando alcançar novos níveis de conexão e despertar. Mas esse objetivo maior era totalmente inútil, de modo que as conversas entre humanos reais eram relegadas às seções de comentários de artigos ou, melhor ainda, às análises de produtos. Se as pessoas vão usar as redes para se comunicar, é melhor que seja sobre uma marca. As comunidades *on-line* tornaram-se grupos de afinidade, organizados em torno de compras, em vez de qualquer tipo de ajuda mútua. A mídia "social" real só foi autorizada a florescer quando os contatos que as pessoas faziam umas com as outras se tornaram mais valiosos como dados do que o custo relativo em compras perdidas ou tempo de visualização.

O conteúdo permaneceu o mais importante, mesmo que os seres humanos fossem agora esse conteúdo.

O AMBIENTE DAS MÍDIAS DIGITAIS

31.

Foi ingenuidade nossa pensar que a tecnologia digital seria natural e necessariamente mais poderosa do que qualquer mídia anterior. Sim, as redes digitais são mais rebeldes e descentralizadas do que suas predecessoras de transmissão – elas permitem que as mensagens fluam de baixo para cima, ou de fora para dentro. Mas, como toda mídia, se não forem conscientemente assimiladas pelas pessoas que buscam empoderar-se, serão assimiladas por alguém ou por alguma outra coisa.

Quem controla a mídia controla a sociedade.

Cada nova revolução da mídia parece oferecer às pessoas uma nova oportunidade de arrancar esse controle de uma pequena elite e restabelecer os laços sociais que acabaram comprometidos. Até agora, porém, o povo – as massas – sempre ficou uma revolução midiática inteira atrás daqueles que acabam por dominá-lo.

Por exemplo, o antigo Egito foi organizado em torno da ideia de que o faraó podia ouvir diretamente as palavras dos deuses, como se ele próprio fosse um deus. As massas, por outro lado, não podiam ouvir os deuses; podiam acreditar, somente.

Com a invenção da escrita, poderíamos ter desenvolvido uma cultura letrada, mas a escrita era usada apenas para controlar posses e escravos. Quando a escrita foi finalmente colocada a serviço da religião, apenas os sacerdotes podiam ler os textos e entender o hebraico ou o grego da redação original. As massas podiam ouvir as Escrituras sendo lidas em voz alta, obtendo assim a capacidade da era passada – de ouvir as palavras de Deus. Mas os padres ganharam a capacidade, restrita à elite, de alfabetização.

Quando a imprensa surgiu no Renascimento, o povo aprendeu a ler, mas apenas o rei e seus aliados tinham o poder de produzir textos. Da mesma forma, o rádio e a televisão eram controlados por corporações ou estados repressores. As pessoas só podiam ouvir ou assistir.

Com os computadores, surgiu o potencial para programar. Graças às redes *on-line*, as massas ganharam a capacidade de escrever e publicar seus próprios *blogs* e vídeos – mas essa capacidade, a escrita, era já desfrutada pelas elites na revolução anterior. Agora as elites haviam se alçado a outro patamar e controlavam o *software* por meio do qual tudo isso acontecia.

Hoje, as pessoas finalmente estão sendo incentivadas a aprender código, mas a programação não é mais a habilidade necessária para governar o cenário da mídia. Os desenvolvedores podem produzir o aplicativo que quiserem, mas sua operação e distribuição dependem inteiramente do acesso aos *walled gardens*, servidores em nuvem e dispositivos fechados sob o controle absoluto de apenas três ou quatro corporações. Os próprios aplicativos são apenas uma camuflagem para a atividade real que ocorre nessas redes: o acúmulo de dados sobre todos nós pelas empresas proprietárias das plataformas.

Assim como com a escrita e a imprensa, acreditamos que a nova mídia abriu uma fronteira sem limites para nós, embora nossas novas habilidades tenham permanecido integralmente sujeitas aos caprichos dos mesmos velhos poderes controladores. Na melhor das hipóteses, estamos colonizando as terras daqueles que mais tarde monopolizarão nosso novo mundo.

32.

O problema com as revoluções da mídia é que facilmente perdemos de vista o que é verdadeiramente revolucionário. Ao focar nos brinquedos novinhos em folha e ignorar o empoderamento humano que essas novas mídias possibilitam – as capacidades políticas e sociais que elas resgatam –, acabamos por entregá-las aos poderes vigentes. Então nós e nossas novas invenções nos tornamos meros instrumentos para alguma outra agenda.

Fenômenos sociais de todos os tipos passam por esse processo de esvaziamento. Quando os *punk rockers* reduzem a compreensão de seu movimento ao direito de usar moicanos ou *piercings*, é fácil para eles perderem o contato com a ideologia antiautoritária mais significativa do faça-você-mesmo, da ação direta e de nunca se vender. O *punk* se torna apenas mais uma tendência da moda a ser vendida no *shopping*. Quando os *ravers* entendem seu movimento como o direito de consumir drogas e dançar a noite toda, perdem de vista os potenciais políticos mais profundos desencadeados pelo resgate do espaço público ou pela separação entre recreação e lucro. A *rave* se torna apenas mais um gênero para a indústria vender. Os estilos desses movimentos foram cooptados, e as mudanças essenciais no poder em que se baseavam foram deixadas para trás.

Com a tecnologia digital, abandonamos rapidamente o empoderamento social e intelectual oferecido por essas novas ferramentas, que se tornam geradoras de lucro adicionais para os já poderosos. Por exemplo, o surgimento da internet permitiu novas conversas entre pessoas que talvez nunca se conhecessem na vida real. As redes encurtaram a distância entre profissionais da área de física na Califórnia, *hackers* na Holanda, filósofos no Leste Europeu, animadores no Japão – e este escritor em Nova York.

Essas primeiras plataformas de discussão também se valeram do fato de que, ao contrário da TV ou do telefone, as mensagens pela internet não aconteciam em tempo real. Os usuários baixavam as discussões da rede, liam-nas quando queriam, *off-line*, e redigiam uma resposta após uma noite de reflexão e organização. Em seguida, conectavam-se novamente à rede, enviavam sua contribuição e esperavam para ver o que os outros pensavam.

Como resultado, a internet se tornou um lugar onde as pessoas pareciam e agiam de forma mais inteligente do que na vida real. Imagine isto: um espaço virtual para onde as pessoas levavam o melhor de si, e onde a alta qualidade da conversa era tão valorizada que as comunidades cuidavam desses espaços da mesma forma que uma cooperativa de agricultores protege um abastecimento de água comum. Para obter acesso à internet em sua fase inicial, os usuários tinham que assinar digitalmente um acordo para não se envolver em nenhuma atividade comercial. A publicidade era expressamente proibida. Mesmo as plataformas sociais e de pesquisas corporativas que mais tarde monopolizaram a rede originalmente prometiam nunca permitir a publicidade, porque isso mancharia as culturas humanísticas que estavam criando.

Com o tempo, o entusiasmo pela pureza intelectual da rede foi superado pela necessidade de atrair investidores. Revistas de negócios anunciavam que a internet poderia salvar o moribundo mercado de ações ao criar mais espaço para o crescimento da economia – mesmo que esse espaço adicional fosse virtual. Um mecanismo de busca projetado para promover o pensamento acadêmico tornou-se a maior agência de publicidade do mundo, e uma plataforma de mídia social projetada para ajudar as pessoas a se conectarem tornou-se o maior coletor de dados do mundo.

Os entusiastas ainda associavam a rede à educação e ao poder político. Eles insistiam na implantação de tecnologia nas escolas e no envio de *laptops* à África, embora os valores essenciais da sociedade digital tivessem sido deixados para trás na era dos *modems* de 2.400 *bauds*. O objetivo principal da internet deixou de ser apoiar uma economia do conhecimento para desenvolver uma economia da atenção. Em vez de nos ajudar a usar o tempo para nosso proveito intelectual, a internet foi convertida em uma mídia "*always on*", ajustada para o proveito daqueles que desejam fazer negócios conosco ou rastrear nossas atividades.

Ficar *on-line* deixou de ser uma escolha consciente e se tornou um estado de ser constante. A rede foi amarrada a nossos corpos na forma de *smartphones* e dispositivos vestíveis que podem enviar um *ping* ou vibrar para chamar nossa atenção com notificações e atualizações, manchetes e placares esportivos, mensagens de mídia social e comentários aleatórios. Acabamos vivendo em um estado de interrupção perpétua que costumava ser suportado apenas por pessoas trabalhando em serviços de emergência ou controladores de tráfego aéreo – mas fazemos isso 24 horas por dia, 7 dias por semana e pagamos pelo privilégio.

A desorientação que resulta disso acaba por reforçar a si mesma. Quanto mais somos interrompidos, mais distraídos nos tornamos e menos nos valemos dos registros do mundo real que usamos para nos orientar. Tornamo-nos mais facilmente manipulados e dirigidos por muitas tecnologias cujo propósito é nos desorientar e controlar nosso comportamento.

Nós, humanos, deixamos de ser a figura principal em um ambiente digital para sermos o fundo.

33.

Viver em uma economia de atenção imposta digitalmente significa estar sujeito a um ataque constante de manipulação automatizada. A tecnologia persuasiva, como agora é chamada, é uma filosofia de *design* ensinada e desenvolvida em algumas das principais universidades dos Estados Unidos e depois implementada em plataformas, desde *sites* de comércio eletrônico e redes sociais até *smartphones* e pulseiras *fitness*. O objetivo é gerar "mudança de comportamento" e "formação de hábito" – na maioria das vezes sem o conhecimento ou consentimento do usuário.

A teoria do *design* comportamental sustenta que as pessoas não mudam seus comportamentos por causa de mudanças em suas atitudes e opiniões; pelo contrário, elas mudam suas atitudes para corresponder aos seus comportamentos. Nesse modelo, somos mais máquinas do que seres pensantes e autônomos. Ou pelo menos podemos ser obrigados a agir dessa maneira.

É por isso que as tecnologias persuasivas não são projetadas para nos influenciar por meio da lógica ou mesmo de apelos emocionais. Isso não é publicidade ou vendas, no sentido tradicional: parece-se mais com operações de guerra psicológica, ou o tipo de manipulação psicológica exercida em prisões, cassinos e *shoppings*. Assim como os arquitetos desses ambientes usam cores, trilhas sonoras ou ciclos de iluminação específicos para estimular um determinado comportamento, os *designers* de plataformas da *web* e aplicativos de telefone usam animações e sons cuidadosamente testados para provocar as respostas emocionais ideais dos usuários. Cada componente de um ambiente digital é testado quanto à sua capacidade de gerar uma reação específica – seja mais visualizações, mais compras ou apenas mais dependência. O som de um novo *e-mail* é um som feliz; o de nenhum *e-mail*, é triste. O gesto físico de deslizar para atualizar um *feed* de mídia social captura e reforça o desejo compulsivo de ver se há algo novo – apenas por precaução.

A maioria das táticas de tecnologia persuasiva depende de os usuários confiarem que uma plataforma representa com precisão o mundo que afirma retratar. Quanto mais aceitarmos a tela como uma janela para a realidade, mais provavelmente aceitaremos as escolhas que ela oferece. Mas e as opções que ela não oferece? Não existem realmente?

Uma simples busca por "pizzaria perto de mim" pode listar todos os restaurantes que pagaram para serem encontrados, mas não aqueles que não pagaram. Os *designs* persuasivos oferecem opções aos usuários para cada situação, de forma a simular a experiência de escolha sem que exista o risco de o usuário agir de maneira autônoma e fugir do seu cercadinho. É o mesmo modo pelo qual os *designers* de jogos conduzem todos os jogadores pela mesma história de jogo, mesmo que nossa percepção seja a de que estamos fazendo escolhas independentes do início ao fim. Nenhuma dessas escolhas é real, porque cada uma leva inevitavelmente ao resultado que os *designers* predeterminaram para nós. Como as interfaces parecem neutras, aceitamos as opções que elas oferecem pelo valor aparente. As escolhas não são escolhas de forma alguma, e sim uma nova maneira de nos fazer aceitar as limitações. Quem controla o *menu* controla as escolhas.

Os *designers* que procuram estimular *loops* viciantes utilizam o que os economistas comportamentais chamam de "recompensas variáveis". Na década de 1950, a psicologia do *marketing* descobriu que os seres humanos ficam desesperados para descobrir o padrão por trás da recompensa. Faz sentido do ponto de vista da sobrevivência: rajadas de vento repentinas significam que a chuva está chegando, e prever os movimentos de um peixe na água torna mais fácil fisgá-lo.

Projetistas de máquinas caça-níqueis não hesitam em explorar essa peculiaridade do instinto de sobrevivência. Distribuindo recompensas em intervalos aleatórios, a máquina caça-níqueis confunde o ser humano que tenta descobrir o padrão. Conscientemente, sabemos que a máquina segue um padrão arbitrário ou talvez seja até programada de modo injusto para pegar nosso dinheiro. Mas, subconscientemente, esses intervalos incertos de moedas tilintando na bandeja de metal induzem uma necessidade compulsiva de continuar. As moedas estão caindo a cada dez tentativas? A cada cinco tentativas? Ou é cinco, sete, dez e depois volta para cinco? Vou tentar novamente e observar...

As compulsões são esforços inúteis para obter o controle de sistemas aleatórios. Uma vez que se desencadeiam, é realmente difícil abalá-las. É por isso que estudos acadêmicos sobre padrões de máquinas caça-níqueis tornaram-se leitura obrigatória nos eufemisticamente denominados departamentos de "experiência do usuário" das empresas de tecnologia. É assim que nos tornamos viciados em checar nosso *e-mail* – procurando ver se há um *e-mail* recompensador para cada dez inúteis. Ou é a cada onze?

O *design* persuasivo também explora nosso condicionamento social. Desenvolvemos a necessidade de estarmos a par de qualquer coisa importante acontecendo em nosso círculo social. Não saber que um membro do grupo está doente ou com raiva pode ser desastroso. Nas mãos dos profissionais de *compliance*, esse "medo de ficar de fora" fornece acesso direto aos fatores que desencadeiam nossos comportamentos. Tudo o que precisamos são algumas indicações de que as pessoas estão falando sobre algo para estimular nossa curiosidade e fazer com que entremos no mundo virtual, para longe do que quer que estejamos fazendo de verdade. Por isso, os *designers* aplicam um ponto vermelho com um número nele sobre o ícone de um aplicativo. Isso serve para garantir que saibamos que algo está acontecendo, que comentários estão se acumulando ou que um tópico está em alta. Se você se recusar a atender ao chamado, pode ser a última pessoa a saber.

As experiências do usuário também são projetadas para desencadear nossa necessidade social de obter aprovação e cumprir obrigações – antigas adaptações, cujo propósito era manter a coesão do grupo, agora se voltam contra nós. Buscamos altos números de "curtidas" e "seguidores" em plataformas sociais porque essas métricas são a única maneira que temos de avaliar nossa aceitação social. Não há diferença de intensidade entre uma e outra coisa. Não podemos saber se somos realmente amados por alguns; só podemos saber se fomos apreciados por muitos. Da mesma forma, quando alguém gosta de algo nosso ou pede para ser nosso "amigo" em uma rede social, sentimo-nos socialmente obrigados a retribuir o favor.

Algumas plataformas influenciam nosso desejo de competir, mesmo que de forma lúdica, com nossos colegas. Os *sites* empregam tabelas de classificação para homenagear aqueles que fizeram mais postagens, negociações ou qualquer outra métrica que uma empresa queira promover. Os usuários também competem por "ofensivas" de participação diária, distintivos de sucesso e outras formas de demonstrar suas conquistas e *status*, ainda que apenas para si mesmos. A gamificação é usada para motivar funcionários, estudantes, consumidores e até mesmo *traders* de ações *on-line*. Mas, no processo, a diversão muitas vezes se rende a alguns resultados nada lúdicos, e o discernimento das pessoas e obscurecido por um desconexo desejo de vencer.

Muitas interfaces conhecidas vão ainda mais fundo, desenvolvendo comportamentos viciantes ao se aproveitarem de nossos instintos por novidades. Os *designers* descobriram que os *"feeds* sem fim"* tendem a manter os usuários deslizando para baixo em busca de artigos, postagens ou mensagens adicionais, consumindo mais do que pretendem por causa da sensação insaciável de nunca chegar ao fim.

Por outro lado, os *designers* querem nos manter em um estado de desorientação constante – sempre rolando os *posts* e prestando atenção em alguma coisa, mas nunca com atenção suficiente a ponto de ficarmos absortos e retomarmos nosso rumo. Então, usam a interrupção para nos manter constantemente em movimento de um *feed* para outro, verificando *e-mail* e depois redes sociais, vídeos, notícias e, em seguida, um aplicativo de namoro. Cada momento de transição é outra oportunidade de oferecer outro anúncio, direcionar o usuário para algo ainda mais manipulador ou extrair mais dados que podem ser usados para traçar um perfil e persuadir de forma mais completa.

34.

Em vez de projetar tecnologias que promovam a autonomia e nos ajudem a tomar decisões com base em informações, os engenheiros da persuasão das maiores empresas digitais trabalham duro para criar interfaces que prejudicam nossa cognição e nos levam a um estado impulsivo em que escolhas ponderadas – ou o próprio pensamento – são quase impossíveis.

Agora sabemos, sem nenhuma dúvida, que somos mais burros quando usamos *smartphones* e redes sociais. Entendemos e retemos menos informações, compreendemos com menos profundidade e tomamos decisões de forma mais impulsiva. Esse estado mental desconexo, por sua vez, nos torna menos capazes de distinguir o real do falso, o compassivo do cruel e até mesmo o humano do não humano. Os verdadeiros inimigos da Equipe Humana, se é que podemos chamá-los assim, não são apenas as pessoas que estão tentando nos programar para a submissão, e sim os algoritmos que eles criaram para isso acontecer.

Algoritmos não se envolvem diretamente conosco, humanos. Eles se envolvem com os dados que deixamos espalhados, para fazer suposições sobre quem somos e como nos comportaremos.

Em seguida, eles nos pressionam a nos comportar de maneira mais consistente com o que eles determinaram ser nossos "eus" mais prováveis, de acordo com as estatísticas. Querem que sejamos fiéis aos nossos perfis.

Tudo o que fazemos em nossa realidade de alta conexão vira dados – dados que são armazenados para comparação e análise. Isso inclui não apenas os *sites* que acessamos, as compras que fazemos e as fotos em que clicamos, mas também os comportamentos do mundo real: o modo como dirigimos e os movimentos físicos que fazemos, rastreados por aplicativos de mapas e pelo GPS. Os termostatos e refrigeradores inteligentes que possuímos alimentam nossos perfis com dados.

A maioria das pessoas se preocupa com informações específicas que as empresas podem acumular sobre nós: não queremos que ninguém saiba o conteúdo de nossos *e-mails*, o que procuramos quando queremos nos divertir ou que tipo de remédios tomamos. Essa é a área daqueles medíocres varejistas da *web* que nos seguem com anúncios de coisas que já compramos. Algoritmos não se importam com nada disso. A maneira como eles avaliam quem somos e como podem nos manipular tem mais a ver com todos os metadados sem sentido que eles coletam, compilam e comparam.

Por exemplo: Joe pode viajar 20 quilômetros para ir ao trabalho, ler suas mensagens de texto aproximadamente a cada 16 minutos, comprar biscoitos sem gordura e assistir a um determinado programa de TV dois dias depois de o programa ir ao ar. O algoritmo não se preocupa com nenhum dos detalhes, nem tenta tirar conclusões lógicas sobre que tipo de pessoa Joe pode ser. Tudo o que interessa ao algoritmo é se esses dados permitem colocar Joe em um conjunto estatístico junto com outras pessoas parecidas, e se é provável que as pessoas desse conjunto tenham comportamentos semelhantes no futuro.

Analisando todos esses números e fazendo comparações constantes entre o que fizemos e o que faremos a seguir, os algoritmos de *big data* podem prever nossos comportamentos com uma precisão surpreendente. Os *sites* de mídia social usam os dados que coletaram sobre nós para determinar, com cerca de 80% de precisão, quem está prestes a se divorciar, quem está ficando gripado, quem está grávida e quem pode considerar uma mudança na orientação sexual – antes que nós mesmos saibamos disso.

Assim que os algoritmos determinarem que Mary tem, digamos, 80% de probabilidade de fazer dieta nas próximas três semanas, eles encherão os *feeds* dela com mensagens e conteúdo de dietas: "Acha que está gorda?". Algumas dessas mensagens são *marketing* direcionado, pago pelos vários anunciantes dos *sites*, mas o propósito da mensagem não é apenas vender os produtos de um determinado anunciante: o principal objetivo é fazer os usuários se comportarem de forma mais coerente com seus perfis e com o segmento de consumo ao qual devem pertencer.

A plataforma de mídia social quer aumentar a probabilidade de Mary fazer dieta de 80% para 90%. É por isso que os *feeds* de Mary ficam cheios de mensagens direcionadas. Quanto mais eficiente a plataforma for em fazer Mary se adaptar ao seu destino determinado por algoritmos, mais ela pode se gabar tanto de sua precisão preditiva quanto de sua capacidade de induzir mudanças de comportamento.

Os algoritmos usam nosso comportamento anterior para nos agrupar em grupos estatísticos e, em seguida, limitar o leque de escolhas no futuro. Se 80% das pessoas em um determinado segmento de *big data* já planejam fazer dieta ou se divorciar, tudo bem. Mas e os outros 20%? O que fariam em vez daquilo? Que tipo de comportamento anômalo, novas ideias ou soluções inovadoras criariam antes de serem persuadidos a entrar na linha?

Em muitos empreendimentos humanos, há uma tendência ao princípio de Pareto, ou o que ficou conhecido como a regra 80/20: 80% das pessoas se comportarão de forma bastante passiva, como consumidores, mas 20% se comportarão de forma mais ativa ou criativa. Por exemplo, 80% das pessoas que assistem a vídeos *on-line* fazem apenas isso; 20% deles fazem comentários ou postam seus próprios conteúdos. Enquanto 80% das crianças disputam jogos de acordo com as regras, 20% delas modificam ou criam seus próprios princípios. As pessoas nos 20% abrem novas possibilidades.

Estamos usando algoritmos para eliminar esses 20%: os comportamentos anômalos que mantêm as pessoas imprevisíveis, estranhas e diversas. E quanto menos variação entre nós – quanto menos variedade de estratégias e táticas –, menos resilientes e sustentáveis seremos como espécie. Deixando de lado a capacidade de sobrevivência, também somos menos interessantes, menos pitorescos e menos humanos. Nossas bordas irregulares estão sendo lixadas.

Em uma inversão total de figura e fundo, desenvolvemos algoritmos de computador que avançam constantemente para tornar as pessoas mais previsíveis e semelhantes a máquinas.

35.

Mais seguros do que o mundo real, onde somos julgados e nossas ações têm consequências, os espaços sociais virtuais deveriam incentivar a experimentação, a dinâmica de grupo e os relacionamentos improváveis. Felizmente para aqueles que dependem de nossa alienação para obter lucro, a mídia digital não conecta as pessoas tão bem, mesmo quando é projetada para isso. Não podemos nos relacionar verdadeiramente com outras pessoas *on-line* – pelo menos não de uma forma que o corpo e o cérebro reconheçam como real.

Como os neurocientistas já descobriram, os seres humanos precisam de informações do espaço tridimensional orgânico para estabelecer relacionamentos de confiança ou manter a paz de espírito. Lembramos mais das coisas quando podemos relacioná-las com suas localizações físicas, como quando lemos um livro em vez de um arquivo digital.

O sistema nervoso humano se regula ao longo do tempo com base nas informações recebidas do mundo real. Um bebê aprende a adormecer deitando-se ao lado de sua mãe e refletindo o sistema nervoso dela. Um indivíduo ansioso fica calmo depois de uma caminhada na floresta. Passamos a confiar em outra pessoa olhando-a diretamente nos olhos e estabelecendo afinidade. Sentimo-nos conectados a um grupo quando respiramos em uníssono.

O digital não é bom o suficiente para enganar o cérebro e o corpo nesses mesmos estados. Claro que passa perto. As gravações digitais não têm "*noise floor*" – ou seja, nada de ruído de fundo. Mas isso não é o mesmo que fidelidade orgânica. Um disco de música era um objeto em si. Talvez ouvíssemos os cliques e arranhões de um LP, mas isso permitia que o cérebro e o corpo se calibrassem para o evento que estava ocorrendo na sala – o disco de vinil sendo tocado. A reprodução de uma gravação digital é menos um evento do mundo real do que a projeção de um evento simbólico – matemático – no ar. Não temos referência para isso.

Também não temos uma referência orgânica para uma chamada de celular ou conversa por vídeo. Podemos olhar nos olhos de nosso parceiro de conversa em uma tela, mas não podemos ver se suas pupilas estão ficando maiores ou menores. Talvez possamos perceber sua respiração e, subconscientemente, entrar no mesmo ritmo para estabelecer uma conexão – mas isso não funciona muito bem. Não conseguimos obter muito mais informações do que com o texto, mesmo que estejamos vendo o rosto de alguém ou ouvindo sua voz. Isso nos confunde.

Todos os métodos que os especialistas em tecnologia usam para aumentar a fidelidade aparente dessas trocas são, eles próprios, falsos – mais ruído do que sinal. Para dar apenas um exemplo, o algoritmo MP3 usado para compactar arquivos de música não foi projetado para representar a música com precisão; foi projetado para enganar o cérebro, fazendo-o *acreditar* que está ouvindo música com precisão. Ele cria algumas das sensações que associamos com graves ou agudos sem usar uma largura de banda correspondente para recriar os sons reais. Com fones de ouvido, a simulação é convincente. Quando reproduzidas em alto-falantes estéreo, as informações que faltam tornam-se aparentes – menos para os ouvidos do que para o corpo todo, que espera absorver vibrações correspondentes aos tons musicais em simulação. Acontece que esses tons simplesmente não estão lá. Quando nos comunicamos por meio de compressão algorítmica, vemos o que parece ser uma imagem mais clara ou ouvimos o que soa como uma voz mais precisa – quando tais elementos na realidade são tudo menos isso.

Engenheiros de áudio que se preocupam com a fidelidade tentam restaurá-la de outras maneiras. A tática mais comum para estabelecer uma faixa dinâmica mais ampla é desacelerar as coisas. Uma pessoa diz algo, e o computador grava e armazena em um *buffer* antes de enviar para o receptor. As transmissões digitais são pausadas por uma fração de segundo para que o computador possa acompanhar e juntar tudo. Isso significa que você ouve algo um momento perceptível depois que foi dito. Essa adição de "latência" necessariamente altera o tempo de uma conversa, impossibilitando o estabelecimento de um ritmo normal ou tranquilizador de respostas.

Os seres humanos dependem do mundo orgânico para manter atitudes e comportamentos pró-sociais. Relacionamentos *on-line* são, em relação aos reais, como a pornografia na internet é para o ato de fazer amor. A experiência artificial não apenas empalidece em comparação com a orgânica, mas degrada nossa compreensão da conexão humana. Nossos relacionamentos giram em torno de métricas, julgamentos e poder – as curtidas e os seguidores de uma economia digital, não a ressonância e a coesão de uma ecologia social.

Todos esses mecanismos minuciosamente desenvolvidos para conexão social – para o trabalho em equipe – não valem no ambiente digital. Mas, como as trocas mediadas são novas na escala de tempo evolutiva, não temos como entender o que está acontecendo. Sabemos que a comunicação é falsa, mas não temos uma espécie de experiência de transmissões de mídia imprecisas, sem vida ou atrasadas para compreender a perda de sinal orgânico.

Em vez de culpar o meio, culpamos a outra parte. Entendemos a situação como um fracasso social e passamos a desconfiar da pessoa em vez da plataforma. A Equipe Humana, assim, desmorona.

36.

Enquanto a Equipe Humana pode ficar comprometida no ambiente digital, a equipe algoritmo sai fortalecida.

À medida que nossos caminhos de comunicação mais significativos falham, fica mais difícil contatar um ao outro, operar de maneira coordenada e expressar ou mesmo experimentar empatia. Perdemos todos os ciclos de *feedback* de autorreforço do relacionamento: os neurônios-espelho e a ocitocina que nos recompensam pela socialização. Surpreendentemente, a incapacidade de estabelecer confiança em ambientes digitais não nos impede de usá-los, mas estimula *mais* consumo de mídias digitais. Ficamos viciados em mídias digitais justamente *porque* estamos tão desesperados para entender a experiência neuromecânica que acontece lá. Somos compelidos a descobrir, calibrar nossos sistemas sensoriais e forjar relacionamentos com muitos pontos de contato em um espaço que não permite nenhuma dessas coisas. Com isso, tornamo-nos altamente individualizados, alienados e desconfiados uns dos outros.

O engajamento por meio da mídia digital é apenas uma nova maneira de estar sozinho, exceto que não estamos realmente sozinhos lá fora – o espaço é habitado por algoritmos e *bots* que buscam nos atrair para compras, entretenimento e comportamentos que beneficiam as empresas que os programaram. Eles nos superam em número, como NPCs, os "personagens não jogadores" em um *videogame*. É tão ou mais provável que nos engajemos com um *bot* na internet do que com outra pessoa. E é provável que a experiência também pareça mais gratificante.

Ao contrário dos humanos, as IAs *on-line* estão cada vez mais conectadas entre si. As empresas vendem dados umas às outras de forma regular e instantânea – é assim que os produtos que você pode ter visto em um *site* aparecem magicamente como anúncios no próximo. E isso é apenas um exemplo simples e óbvio do que está acontecendo nos bastidores. As IAs estão em constante comunicação, compartilhando umas com as outras o que aprenderam interagindo conosco. Agem em rede e aprendem.

A internet das coisas, ou IOT, como seus proponentes gostam de chamá-la, é um nome para os objetos físicos nesta tremenda rede de *chips* e algoritmos que busca nos entender e manipular. Embora um termostato ou uma babá eletrônica em rede possa ter certas vantagens para o consumidor, seu valor principal é possibilitar que a rede aprenda sobre nossos comportamentos ou simplesmente extraia dados deles – para nos colocar em categorias estatísticas cada vez mais detalhadas.

Os algoritmos que guiam esses *bots* e *chips* testam pacientemente uma técnica após a outra para manipular nosso comportamento, até obterem os resultados para os quais foram programados. Essas técnicas não foram todas pré-escritas por codificadores; os algoritmos, na verdade, testam aleatoriamente novas combinações de cores, alturas, tons e fraseologia até que uma funcione. Em seguida, compartilham essas informações com os outros *bots* na rede, para que eles façam testes com outras pessoas reais. Cada um de nós não está enfrentando apenas qualquer que seja o algoritmo que esteja tentando nos controlar, mas todos eles.

Se as plantas incorporam energia, os animais incorporam o espaço e os humanos incorporam o tempo, então o que os algoritmos em rede incorporam? Eles incorporam a *nós*. Na internet das coisas, nós, as *pessoas*, é que somos as coisas.

Ideais humanos como autonomia, contato social e aprendizado são novamente eliminados da equação, pois a programação dos algoritmos direciona tudo e todos para fins instrumentais. Enquanto os seres humanos em um ambiente digital se tornam mais parecidos com máquinas, as entidades compostas de materiais digitais – os algoritmos – tornam-se mais como entidades vivas. Agem como se fossem nossos sucessores evolutivos.

Não é de admirar que imitemos o comportamento deles.

MECANOMORFISMO

37.

Quando a impressão que temos é de que as tecnologias autônomas estão dando as ordens, é lógico concluir que, se não podemos vencê-las, podemos ao menos nos juntar a elas. Sempre que as pessoas são seduzidas – sejam elas estimuladas ou escravizadas – por uma nova tecnologia, essa tecnologia também se torna o seu novo modelo a seguir.

Na Revolução Industrial, à medida que os relógios mecânicos ditavam o tempo para as pessoas e que as máquinas das fábricas deixavam os trabalhadores humanos para trás, começamos a pensar em nós mesmos em termos muito mecânicos. Descrevíamos nosso mundo como um grande mecanismo, no qual o corpo humano era uma das peças. Metáforas mecânicas começaram, aos poucos, a fazer parte da nossa linguagem: precisávamos lubrificar as engrenagens, alavancar o negócio, cavar mais fundo ou transformar uma empresa em uma máquina bem azeitada. Mesmo expressões cotidianas, como "abastecer-se" para almoçar ou "ter um parafuso solto" para pensar de forma ilógica, transmitiam a noção aceita dos humanos como dispositivos mecânicos.

Como sociedade, assumimos como nossos os valores até então relacionado às máquinas, de eficiência, produtividade e potência. Procuramos operar mais rapidamente, com maior rendimento e maior uniformidade.

Na era digital, pensamos em nosso mundo como computacional. Tudo são dados, e os humanos são processadores. Essa lógica não pode ser *computada*. Ela realiza *multitarefas* tão bem que é capaz de fazer a *interface* com mais de uma pessoa em sua *rede* ao mesmo tempo. Que tal *subir de nível* com alguns novos *life hacks*?

A linguagem por si só sugere uma nova maneira de os seres humanos agirem no ambiente de mídia digital. Projetar qualidades humanas em máquinas – como ver a frente de um carro e enxergar um rosto ou conversar com a IA do *smartphone* como se fosse uma pessoa – é o que podemos chamar de antropomorfismo. Vem ocorrendo, no entanto, exatamente o contrário: estamos projetando qualidades de máquinas nas pessoas. Ver um ser humano como uma máquina ou computador é o que chamamos de mecanomorfismo. Não é apenas tratar as máquinas como seres humanos vivos; é tratar os humanos como máquinas.

38.

Tendo aceitado nosso papel como processadores na era da informação, damos o nosso máximo para funcionar como os melhores computadores possíveis.

Agimos em uma perspectiva multitarefa, presumindo que – como computadores – somos capazes de fazer mais de uma coisa ao mesmo tempo. Estudos e mais estudos já revelaram que os seres humanos não podem ser multitarefa. Quando tentamos fazer mais de uma coisa ao mesmo tempo, invariavelmente fazemos menos, com menos precisão, com menos profundidade e menos compreensão. Isso é verdadeiro mesmo quando acreditamos que produzimos mais. Isso porque, ao contrário dos computadores, os seres humanos não têm processadores paralelos. Temos um cérebro único e holístico, com dois hemisférios complementares.

Os computadores têm várias seções de memória, que trabalham separadamente, mas em paralelo. Quando um *chip* de computador recebe um problema, ele divide o problema em etapas e distribui essas etapas para seus processadores. Cada processador produz uma resposta, e as respostas são então reunidas. Os seres humanos não são capazes de fazer isso. Podemos imitar esse processo alternando rapidamente entre uma tarefa e outra – como dirigir um carro e enviar uma mensagem de texto –, mas não podemos fazer as duas coisas simultaneamente. Podemos apenas fingir – e, muitas vezes, por nossa conta e risco.

Os pilotos de *drones* que monitoram e abatem pessoas por controle remoto a milhares de quilômetros de distância, só para citar um exemplo, apresentam taxas mais altas de transtorno de estresse pós-traumático do que os pilotos "reais". Isso foi inesperado para os militares, que temiam que o bombardeio remoto pudesse fazer com que os ciberpilotos ficassem dessensibilizados ao eliminar alvos humanos. Uma explicação para suas taxas mais altas de angústia é que, ao contrário dos pilotos regulares, os pilotos de *drones* costumam observar seus alvos por semanas antes de matá-los. Porém os índices de estresse permanecem desproporcionalmente altos, mesmo para missões em que os pilotos não tiveram contato prévio com as vítimas.

A razão mais provável para esse dano psíquico é que os soldados estão tentando existir em mais de um local ao mesmo tempo. Estão presentes em uma instalação em, digamos, Nevada, operando um sistema de armas letais em ação no outro lado do planeta. Depois de lançar munições e matar algumas dezenas de pessoas, os pilotos não pousam seus aviões, descem e voltam ao refeitório para fazer um relato da missão enquanto tomam uma cerveja com colegas. Eles simplesmente se desconectam, entram em seus carros e dirigem para casa nos subúrbios para jantar com a família. É como ser duas pessoas diferentes em lugares diferentes no mesmo dia.

A questão é que nenhum de nós é duas pessoas ou pode estar em mais de um lugar ao mesmo tempo. Ao contrário de um programa de computador, que pode ser copiado e executado a partir de várias máquinas diferentes simultaneamente, os seres humanos têm apenas uma "instância" de si mesmos em execução por vez.

Podemos querer ser como as máquinas de nossa era, mas nunca seremos tão bons em ser dispositivos digitais quanto os próprios dispositivos digitais. Isso é bom, e talvez seja a única maneira de lembrar que, ao almejarmos a imitar nossas máquinas, deixamos para trás algo ainda mais importante: nossa humanidade.

39.

O ambiente de mídia é o comportamento, a paisagem, as metáforas e os valores gerados por uma determinada mídia. A invenção do texto incentivou a história escrita, os contratos, a Bíblia e o monoteísmo. A torre do relógio na Europa medieval respaldava os salários por hora e o *ethos* de "tempo é dinheiro" da Revolução Industrial. É outra maneira de fazer com que as principais tecnologias ao nosso dispôr sirvam como modelos para atitudes e comportamentos humanos.

Ambientes de mídia específicos promovem tipos específicos de sociedades. A invenção da imprensa mudou nossa relação com o texto e as ideias, criando um senso de uniformidade, ao mesmo tempo em que incentivou a produção genérica e a ampla distribuição. O ambiente da TV ajudou as corporações a transformar os Estados Unidos em uma cultura de consumo, fazendo com que as pessoas visualizassem a função de novos produtos em suas vidas. Da mesma forma, as plataformas de internet que a maioria de nós usa não são apenas produtos, e sim ambientes inteiros habitados por milhões de pessoas, empresas e *bots*. Elas constituem novas versões da praça pública, da economia em geral e do quarto poder. Ao reconhecer os vieses embutidos, ou o que as tecnologias de mídia digital de hoje oferecem, somos capacitados a aproveitar seus benefícios e compensar seus malefícios, em vez de nos conformarmos, inconscientemente, com suas influências.

Por exemplo, o *smartphone* é mais do que apenas um dispositivo que cabe no bolso. Junto com todos os demais *smartphones*, ele cria um ambiente: um mundo onde qualquer um pode nos alcançar a qualquer momento, onde as pessoas andam pelas vias públicas em bolhas privadas e onde nossos movimentos são rastreados por GPS e armazenados em bancos de dados do governo e de *marketing* para análise futura. Esses fatores ambientais, por sua vez, promovem determinados estados mentais, como a paranoia de ser rastreado, um estado constante de distração e o medo de "ficar de fora".

O ambiente de mídia digital também nos afeta coletivamente, como economia, como sociedade e até mesmo como planeta. O ritmo alucinante em que uma empresa digital pode "atingir escala" mudou as expectativas dos investidores sobre o desempenho das ações na bolsa e a maneira como CEOs devem submeter a saúde das empresas no longo prazo ao crescimento das ações no curto prazo. A ênfase da internet em métricas e quantidade em detrimento da profundidade e qualidade gerou uma sociedade que valoriza a celebridade, o sensacionalismo e as medidas mensuráveis do sucesso. O ambiente da mídia digital se expressa também no ambiente físico; a produção, o uso e o descarte de tecnologias digitais esgotam recursos escassos, gastam enormes quantidades de energia e poluem vastas regiões do planeta.

Antes de nos rendermos à noção de que vivemos em um mundo inteiramente determinado por nossa mídia, devemos lembrar que a influência ocorre nos dois sentidos: cada uma dessas mídias foi, ela própria, produto da sociedade que a inventou. A invenção da escrita pode ter facilitado a administração em grande escala do sistema escravagista, mas a própria escrita pode ter surgido da necessidade preexistente dos tiranos da época de administrar suas hordas de escravos. Nós, humanos, somos parceiros da nossa mídia, tanto em sua invenção quanto nas formas que escolhemos responder à sua influência.

Conhecer os impactos específicos do ambiente da mídia em nossos comportamentos não é uma desculpa para nossa cumplicidade, mas ajuda a entender o que enfrentamos – para que lado as coisas estão pendendo. Isso nos permite combater seus efeitos, bem como os aspectos mais sombrios de nossa própria natureza que eles provocam.

40.

Todo ambiente de mídia tem aspectos positivos e negativos. A televisão nos ajudou a pensar o planeta como um grande organismo, mas também promoveu o consumismo e o neoliberalismo.

A internet ajuda a descentralizar o poder e a liderança inovadora, mas também nos atomiza e nos isola uns dos outros. Nenhum dos ambientes é necessariamente melhor, mas cada novo ambiente exige uma resposta diferente.

A parte mais difícil de aprender a responder a um novo meio é ser capaz de ver seus efeitos de modo isolado, e não pelas lentes da era anterior. Quando a internet surgiu, a maioria de nós vivia sob a influência do ambiente da mídia televisiva. A era da TV versava sobre globalismo, cooperação internacional e sociedade aberta. A televisão permitiu que as pessoas vissem pela primeira vez o que estava acontecendo em outros lugares, muitas vezes por uma transmissão ao vivo, exatamente como acontecia. O mundo inteiro testemunhou as mesmas guerras, inundações e revoluções, em tempo real. Mesmo o 11 de setembro foi um evento global vivenciado simultaneamente, levando a uma empatia expressa em proporções quase universais. A televisão nos conectou como planeta.

Como se tivesse sido inventada para dar continuidade a essa tendência, a internet deveria apagar essas últimas fronteiras entre os estados-nação artificais e anunciar uma nova comunidade global humanística de pares. Os governos nacionais foram declarados extintos, e uma nova rede auto-organizada de pessoas estava a caminho. No entanto a era da internet teve o resultado oposto. Não estamos avançando em direção a uma nova sociedade global totalmente inclusiva, e sim recuando para o nativismo. Em vez de celebrar mais mistura racial, encontramos muitos anseios por um passado fictício em que – as pessoas gostam de imaginar – nossas raças eram distintas e tudo estava bem.

No auge da era da mídia televisiva, um presidente americano poderia transmitir um discurso em frente ao Portão de Brandemburgo em Berlim e exigir que a Rússia "derrubasse este muro". Não mais. Os políticos do ambiente da mídia digital saem dos blocos comerciais globais e exigem a construção de muros para reforçar as fronteiras de seus países.

Isso é muito diferente do ambiente televisivo, que engendrou um caldeirão de "grandes esferas azuis", mãos dadas pelo mundo, Estação Espacial Internacional, internacionalização cooperativa que ainda caracteriza nossas interpretações da geopolítica. Aqueles de nós perplexos com o ressurgimento de sentimentos nacionalistas e regressivamente antiglobais estão interpretando erroneamente a política por meio da agora obsoleta tela de televisão.

Os primeiros protestos do cenário da mídia digital, como os contra a Organização Mundial do Comércio, em Seattle, não faziam sentido para os telejornais. Pareciam ser um amálgama incoerente de causas díspares: ambientalistas, ativistas trabalhistas e até antissionistas. O que os unificou, no entanto – mais do que sua capacidade de se organizar coletivamente na internet – foi seu antiglobalismo compartilhado. Os manifestantes passaram a acreditar que as únicas entidades capazes de agir em nível global eram grandes demais para serem controladas por seres humanos.

A quebra da coesão europeia amplia esse sentimento. A União Europeia foi um produto do ambiente televisivo: livre comércio, moeda única, fluxo livre de pessoas através das fronteiras e redução das identidades nacionais à culinária e aos times de futebol. A transição para o ambiente de mídia digital está tornando as pessoas menos tolerantes com essa dissolução de fronteiras. Sou croata ou sérvio? Curdo ou sunita? Grego ou europeu?

O anseio por limites emerge de um ambiente de mídia digital que enfatiza a distinção. Tudo é descontínuo. Mídias analógicas como rádio e televisão eram contínuas, como o som de um disco de vinil. A mídia digital, por outro lado, é composta de muitas amostras descontínuas. Da mesma forma, as redes digitais dividem nossas mensagens em pequenos pacotes e os remontam na outra ponta. Todos os programas de computador se resumem a uma série de "1s" e "0s", ligado ou desligado. Essa lógica chega às plataformas e aplicativos que usamos. Tudo é uma escolha – desde o tamanho da fonte até a posição de encaixe na grade. São 12 pontos ou 13 pontos, posicionados aqui ou ali. Você enviou o *e-mail* ou não? Não há meio-termo.

Uma sociedade que funciona nessas plataformas tende a adotar expressões igualmente descontínuas. Gosta ou não? Preto ou branco? Rico ou pobre? Concorda ou discorda? Em um ciclo de *feedback* que alimenta a si mesmo, cada escolha que fazemos é notada e executada pelos algoritmos que personalizam nossos *feeds* de notícias, isolando ainda mais cada um de nós em nossa própria bolha de filtro ideológico. A internet reforça seu elemento central: o binário. Isso nos faz tomar partido.

41.

A mídia digital nos separa, mas também parece nos fazer retroceder. Algo nesse cenário encorajou os sentimentos regressivos dos movimentos populistas, nacionalistas e nativistas que caracterizam nosso tempo. Esses sentimentos crescem em um ecossistema alimentado pelo outro viés principal da mídia digital: a memória.

Memória é a função para a qual os computadores foram inventados. Em 1945, quando Vannevar Bush imaginou o "memex", no qual os computadores foram baseados, ele o descreveu como um arquivo digital – uma memória externa. E embora agora eles possam realizar muito mais do que a recuperação de dados, tudo o que os computadores fazem – todas as suas funções – envolve simplesmente mover coisas de uma parte de sua memória para outra. *Chips* de computador, *pendrives* e servidores em nuvem são apenas tipos de memória. Enquanto isso, revelações exasperantes sobre cibersegurança e vigilância nos lembram continuamente que tudo o que fazemos *on-line* é armazenado na memória. Tudo o que você disse ou fez em sua rede social ou mecanismo de busca favorito está em um arquivo, linha do tempo ou servidor em algum lugar, esperando para ser recuperado por alguém, algum dia.

A exaltação desenfreada da memória em um ambiente de mídia digital, combinada com uma inclinação por limites discretos, produz o clima político que estamos testemunhando: entusiastas do Brexit justificando o isolamento como confirmação dos valores distintamente britânicos e o retorno a uma era nacionalista quando o resto da Europa estava do outro lado do Canal da Mancha; a extrema-direita americana relembrando um passado claramente marcado, quando ser branco e americano significava desfrutar de um bairro segregado, um senso de superioridade e um lugar garantido na classe média. Os imigrantes eram alemães, irlandeses e italianos – não se tratava de não brancos, "estrangeiros", refugiados ou terroristas entrando ilegalmente pelas fronteiras nacionais desprotegidas.

Sem dúvida, o globalismo teve alguns efeitos genuinamente devastadores sobre muitos daqueles que agora estão resistindo. A disparidade de renda está em alta, com o comércio global e os bancos transnacionais diminuindo os efeitos atenuantes da atividade econômica local e nacional. Entretanto a maneira como as pessoas estão respondendo a essa pressão, pelo menos no Ocidente, é, em essência, digital.

O ambiente de mídia digital, no entanto, não está restrito às economias ocidentais desenvolvidas. Em todo o mundo, vemos suscetibilidades digitais promovendo comportamentos nativistas igualmente impulsivos. O aumento do fervor genocida contra os rohingya em Mianmar está diretamente relacionado ao aumento do uso de mídias sociais no país. Tensões semelhantes estão aumentando na Índia, Malásia e Sudão, todas alimentadas pela capacidade da mídia digital de provocar emoções, divulgar fatos não verificados e desencadear falsas lembranças de um passado melhor e mais puro.

Aqueles de nós que querem preservar a visão pró-social e de mundo único do ambiente da mídia televisiva, ou o intelectualismo reflexivo da era impressa, são os que devem parar de olhar para trás. Se vamos promover conexão e tolerância, teremos que fazê-lo de uma forma que reconheça os vieses do ambiente da mídia digital em que estamos vivendo e, então, encorajar a intervenção humana nesses processos automatizados.

Resistir é inútil. A própria palavra "resistência" é uma relíquia da era eletrônica, na qual um resistor em uma placa de circuito pode atenuar a corrente que passa por ela. Não há resistência em um ambiente digital – apenas liga ou desliga. Qualquer coisa intermediária é relegada a um ou outro, de qualquer maneira. Não podemos atenuar o digital. Não há botão de volume. Não existe botão nenhum; existem apenas chaves.

Em um ambiente de mídia digital não há resistência, apenas oposição.

42.

É difícil se opor ao domínio da tecnologia digital quando nós mesmos estamos nos tornando tão altamente digitais. Seja por fetiche, seja por mero hábito, começamos a agir de maneira a acomodar ou imitar nossas máquinas, refazendo nosso mundo e, eventualmente, a nós mesmos à imagem delas.

Por exemplo, os fabricantes de veículos autônomos estão incentivando as cidades a tornar suas ruas e sinais mais compatíveis com os sistemas de navegação e sensores dos carros robóticos, mudando nosso ambiente para acomodar as necessidades dos robôs com os quais compartilharemos as ruas, calçadas e, possivelmente, espaço aéreo. Isso não é tão ruim em si, mas se a história servir de guia, refazer o mundo físico para acomodar uma nova tecnologia – como o automóvel – favorece mais as empresas que vendem as tecnologias do que as pessoas que convivem com elas. As avenidas serviam de fronteiras para os bairros, principalmente quando reforçavam as divisões raciais e de classe. Aqueles que não conseguiam se adaptar às faixas de pedestres e sinais de trânsito eram rotulados de "jecas" e ridicularizados em anúncios.

Hoje, estamos no processo de tornar nossos ambientes físicos, sociais e de mídia mais amigáveis para os operadores digitais – muitas vezes ignorando o impacto em pessoas reais. Novos estudos sobre os efeitos de telefones celulares e Wi-Fi na saúde são ignorados ou enterrados tão rapidamente quanto são produzidos, e nossas escolas e municípios investem de forma mais pesada e irreversível em redes sem fio, lousas inteligentes e outros modos de aprendizado baseados em computador.

Como uma celebração de seu compromisso com os valores digitais, alguns diretores de escolas incentivam os professores a postar nas redes sociais ao longo do dia. A educação se torna conteúdo para os *feeds* e fica subordinada à promoção que a rede proporciona. As aulas passam a ser valorizadas por sua capacidade de serem fotografadas e postadas, e os professores viram modelos para os alunos dos comportamentos viciantes que essas plataformas foram projetadas para induzir.

Mesmo a estética de uma cultura acaba por se adaptar àquelas sugeridas por suas tecnologias dominantes. A tecnologia digital pode ter reduzido a música a algoritmos de MP3 que transmitem apenas a ideia de um som em vez de sua essência, mas o ambiente digital também reduziu os artistas a mercadorias aperfeiçoadas pelo *auto-tune*. O mercado tem exercido um tremendo controle sobre a música desde o advento dos estúdios de gravação e suas apropriadamente denominadas "salas de controle", mas hoje vemos essa dinâmica amplificada pelas novas tecnologias. O produtor atrás do vidro é responsável pela mesa de mixagem e pelos artistas – que são relegados a faixas separadas digitalmente. "Isolados" uns dos outros, para usar a terminologia de gravação de música, os artistas perdem a camaradagem e o relacionamento da *performance* conjunta ao vivo e, em vez disso, seguem a sincronia da batida metronômica gerada por computador. Se saírem do ritmo, mesmo que de forma infinitesimal, há um recurso de autocorreção na tecnologia de gravação para forçar sua *performance* de volta à perfeição inumana.

Soa "melhor" – ou, pelo menos, mais preciso no tom e no ritmo. Mas quais são a nota e o ritmo perfeitos, realmente? Aqueles matematicamente mais próximos da frequência predeterminada? Qualquer violinista competente dirá a você que um mi bemol e um ré sustenido podem parecer a mesma nota, mas na verdade são sutilmente diferentes dependendo do tom da música e das notas seguintes ou anteriores. Músicos diferentes podem até interpretar a nota de maneira diferente, dependendo de seu contexto, ou subir até a nota – enfatizando intencionalmente o esforço exigido – ou descer depois de tocá-la, como se estivessem perdendo a convicção.

Os músicos também variam um pouco do ritmo exato de uma música para criar muitos efeitos, ou mesmo apenas como uma expressão de sua abordagem à música e à vida. Ringo Starr, o baterista dos Beatles, ficou famoso pela batida um pouco atrasada – como que para expressar certa preguiça ou qualidade de tocar como se estivesse "caindo da escada". O atraso de Ringo é humano e tão próximo da batida "normal" da música que seria imediatamente corrigido por tecnologias de produção tendenciosas para fazer os humanos soarem tão "bons" quanto os computadores.

Nossa cultura mecanomórfica está adotando uma estética digital que elimina qualquer coisa exclusivamente humana. Quaisquer peculiaridades de voz ou entonação – rouquidão, oscilação ou passagem de ar – são reinterpretadas como imperfeições. O ideal é a fidelidade perfeita – não aos organismos humanos que realmente executam a música, mas à matemática usada na partitura. Esquecemos que essas notações são uma aproximação da música, uma forma comprometida de documentar uma expressão concreta da emoção humana e da arte como um sistema de símbolos para ser recriado por outra pessoa.

A figura e o fundo são invertidos quando a *performance* humana é vista como um impedimento para os dados puros, em vez de uma forma de conectar as pessoas tanto no nível percebido quanto no inconsciente. Os ruídos que emanam dos seres humanos ou de seus instrumentos são tratados não como expressões de autonomia, e sim como objetos a serem manipulados – matéria-prima para processamento digital ou mão de obra a ser extraída e reembalada.

A interpretação humana não importa mais, e quaisquer resquícios de nossa participação são apagados. Também podemos ser máquinas.

43.

O mais elevado ideal de um ambiente digital irrestrito é transcender completamente a própria humanidade. É uma lógica direta: se a humanidade é um assunto puramente mecanicista, explicável inteiramente na linguagem do processamento de dados, então qual é a diferença se seres humanos ou computadores estão fazendo esse processamento?

Os transumanistas esperam transcender ou pelo menos melhorar a existência biológica. Alguns querem usar a tecnologia para viver para sempre, outros para ter um desempenho melhor e outros ainda para sair do corpo e encontrar um lar mais adequado para a consciência. Seguindo o mecanomorfismo, o transumanismo sustenta que as pessoas podem ser atualizadas como máquinas. Ao confundir a linha entre o que consideramos biológico e tecnológico, os transumanistas esperam facilitar nossa eventual e inevitável transição para a vida em um *chip* de silício.

Como os proponentes argumentarão, nossa jornada para um estado de existência transumanista já começou, com dentaduras, aparelhos auditivos e corações artificiais – todas extensões sintéticas que mudam o que significa ser humano. Poderíamos chamar as lentes de contato de anti-humanas? Claro que não. Então, por que zombar de implantes cerebrais que nos permitem falar novas línguas? Ou por que rejeitar uma oferta para clonar a própria consciência e carregá-la em um servidor?

É um pensamento convincente: trocar a humanidade pela imortalidade. Peça por peça, ou talvez de uma só vez, tornamo-nos o que os transumanistas argumentam ser o próximo estágio da evolução: algum híbrido de pessoa e máquina, ou talvez uma espécie inteiramente digital. Com o passar do tempo, porém, assumimos uma compreensão cada vez mais mecanicista de nossa personalidade.

Ironicamente, o transumanismo se preocupa mais em consertar a experiência humana como ela é hoje do que em aceitar o futuro. Intervenções médicas e de prolongamento da vida buscam apenas preservar a pessoa que está viva agora. A criônica procura congelar o organismo humano em seu estado atual para que seja reanimado no futuro. Fazer o *upload* da mente de alguém simplesmente transfere o cérebro humano, ou um clone perfeito dele, como está, para um substrato mais durável.

De certa forma, o transumanismo é uma resposta reacionária aos tipos de mudanças inerentes à natureza, uma afirmação desafiadora do indivíduo contra sua própria impermanência. Os ciclos da vida são entendidos não como oportunidades para aprender ou esquecer, e sim como inconvenientes a ignorar ou superar. Não temos que viver com as consequências de nossas próprias ações. Existe um aplicativo para isso.

44.

O autoaperfeiçoamento da perspectiva transumanista exige que adotemos uma compreensão inteiramente funcional de quem e o que somos: todas as nossas habilidades podem ser aprimoradas e todas as nossas partes são substituíveis. Atualizáveis.

As peculiaridades que nos tornam humanos são interpretadas como falhas que impedem nossa produtividade e progresso. Compreender e aceitar essas falhas, como os humanistas tendem a fazer, é tido pelos transumanistas como uma forma de nostalgia e uma interpretação perigosamente romântica de nosso passado selvagem, quando desfrutávamos um estado de ser mais puro. Natureza e biologia não são mistérios a serem aceitos, mas limites a serem transcendidos.

Essa mentalidade transumanista está, de fato, se consolidando. Podemos ver isso na maneira como trazemos as tecnologias digitais para cada vez mais perto de nós. A tela está invadindo o olho – de TVs a monitores de computador, para telas de telefone, relógios inteligentes, óculos de realidade virtual, minúsculos LEDs que projetam imagens na retina e implantes neurais que se comunicam diretamente com o nervo óptico.

A cada salto na intimidade homem-máquina, a resolução aumenta, e nosso valor de utilidade é aprimorado de acordo com alguma métrica mensurável. Essa é a mentalidade incentivada por pulseiras que contam nossos batimentos cardíacos e passos sob o pretexto de melhorar a saúde ou prolongar a vida. Saúde, felicidade e a própria humanidade são redutíveis a pontos de dados e se tornam sujeitos à otimização.

Todos nós somos apenas números: o eu quantificado.

Como uma gravação de música que pode ser reduzida a código e armazenada em um arquivo, o humano quantificado também pode ser reduzido a *bits*, replicado infinitamente, carregado na nuvem ou instalado em um robô. Mas apenas as métricas que escolhemos seguir são registradas e interpretadas. Aquelas que não valorizamos, ou que sequer conhecemos, são descartadas no novo modelo.

Maior longevidade, supercognição ou destreza militar parecem promissores, até considerarmos o que está sendo deixado para trás, quais valores estão sendo expressos (e quais não estão) e como essas escolhas mudam os sistemas mais significativos dos quais fazemos parte. Assim como os antibióticos salvam vidas, mas também fortalecem as bactérias e enfraquecem o sistema imunológico coletivo, ou como os esteróides melhoram o desempenho em curto prazo à custa da saúde em longo prazo, existem implicações. Nós – ou as empresas que vendem as melhorias – estamos escolhendo deliberadamente quais características da humanidade aprimorar e quais suprimir ou ignorar. Ao amplificar o poder cerebral de um indivíduo, podemos, sem saber, desabilitar parte de sua capacidade de se conectar com outras pessoas ou alcançar a ressonância organísmica. E quanto a diversidade racial, fluidez de gênero, orientação sexual ou tipo de corpo? As características humanas que não são favorecidas pelo mercado certamente serão abandonadas.

Isso poderia acontecer com uma civilização supostamente tão esclarecida quanto a nossa? Nosso histórico sugere que sim.

O tremendo potencial social e intelectual da internet foi entregue às prioridades do mercado de curto prazo, transformando um meio centrado no ser humano em uma plataforma para manipulação, vigilância e exploração. Quanto mais vemos o ser humano como uma tecnologia a ser aprimorada, maior o perigo de aplicar esse mesmo *ethos* de mercado às pessoas e ampliar nosso valor de utilidade à custa dos outros. A extensão da vida se torna a última tentativa do mercado de aumentar nosso prazo disponível como consumidores – e consumidores dispostos a gastar qualquer coisa por alguns anos extras de longevidade.

Claro, muitos de nós aceitaríamos um implante digital se realmente funcionasse como anunciado. Quem não gostaria de alguns aprimoramentos indolores, sem efeitos colaterais? Ou a escolha de quando ou se morrer? Além disso, a participação na economia em constante mudança requer, em certa medida, ceder à tecnologia – desde bondes e óculos até elevadores e computadores.

Entretanto nossos investimentos tecnológicos têm segundas intenções. Os acordos não são honestos, jamais o foram. As empresas alteram seus contratos com o usuário ou vendem impressoras com prejuízo e depois cobram a mais pelos cartuchos de tinta. As tecnologias que usamos atualmente nos transformam em clientes sempre ativos – mais como assinantes do que como compradores, nunca tendo ou controlando totalmente o que compramos. As atualizações do sistema operacional tornam nosso *hardware* obsoleto, obrigando-nos a comprar novos equipamentos. Quanto tempo até aquele *chip* no meu cérebro e os neurônios que cresceram ao redor dele ficarem obsoletos?

Não é que querer melhorar a nós mesmos, mesmo com uma tecnologia aparentemente invasiva, seja assim tão reprovável. É que nós, humanos, deveríamos optar por escolhas deliberadas sobre o que queremos fazer para nós mesmos, em vez de deixar que as máquinas, ou os mercados que as dirigem, decidam por nós.

ECONOMIA

45.

A tecnologia não decide o próprio destino. Ela não *quer* uma coisa ou outra. O que temos é um mercado que se expressa por meio da tecnologia – um sistema operacional sob nossas várias interfaces e plataformas de computadores que, muitas vezes, não é reconhecido pelos próprios desenvolvedores. Esse sistema operacional é chamado de capitalismo e impulsiona a agenda anti-humana em nossa sociedade pelo menos tanto quanto qualquer tecnologia.

O problema não é o comércio. As pessoas e as empresas podem realizar transações de forma a tornar todos mais prósperos. Na verdade, o capitalismo, como ocorre atualmente, é inimigo do comércio, pois retira valor dos mercados e entrega esse valor a acionistas remotos. O propósito específico do sistema operacional capitalista é impedir a prosperidade generalizada.

O que hoje consideramos capitalismo nasceu no final da Idade Média, em meio a um período de crescimento econômico orgânico. Soldados haviam acabado de voltar das Cruzadas, abrindo novas rotas comerciais e trazendo inovações de terras estrangeiras. Uma delas, trazida das feiras realizadas pelos mouros, era o conceito de "dinheiro de mercado".

Até então, os mercados europeus operavam principalmente por meio de escambo, a troca direta de mercadorias. Moedas de ouro, como o florim, eram escassas e valiosas demais para serem gastas em pão. Qualquer um que tivesse ouro – e não era esse o caso da maioria dos camponeses – o acumulava. O dinheiro de mercado permitia às pessoas comuns venderem seus produtos umas às outras. Muitas vezes era emitido pela manhã, como fichas no início de um jogo de pôquer, e então descontado no final do pregão. Cada unidade de moeda poderia representar um pão ou um pé de alface e ser usada como crédito pelo vendedor desses itens, como meio de fazer as coisas funcionarem no comércio do dia. Assim, o padeiro podia sair cedo e comprar as coisas de que precisava, usando cupons válidos para um pão. Esses cupons acabariam por retornar ao padeiro, que os receberia em troca de pães.

Os mouros também inventaram os recibos emitidos para cereais. Um fazendeiro levava 50 quilos de grãos para o depósito de grãos e saía de lá com um recibo. Esse recibo recebia perfurações, em incrementos de cinco quilos, para que o fazendeiro pudesse destacar uma porção e gastá-la para comprar o que precisava. O interessante dessa forma de dinheiro é que ela perdia valor com o tempo. A loja de grãos tinha que ser paga, e alguns grãos acabavam perdidos por causa da deterioração. Desse modo, o próprio dinheiro era direcionado para gastos. Quem deixaria de gastar o dinheiro que valeria menos no próximo mês?

Era uma economia voltada para a velocidade do dinheiro, não para o acúmulo de capital. Ela distribuiu a riqueza tão bem que muitos ex-camponeses se tornaram a nova classe média mercantil. Eles trabalhavam por conta própria, menos dias por semana, com maiores lucros e com melhor saúde do que os europeus jamais desfrutaram (ou desfrutariam novamente por muitos séculos).

A aristocracia não gostou desse desenvolvimento igualitário. À medida que os camponeses se tornavam autossuficientes, os senhores feudais perdiam a capacidade de extrair valor deles. Essas famílias ricas não criavam valor havia séculos e, portanto, precisavam mudar as regras dos negócios para conter a maré crescente de riqueza, bem como seu próprio declínio.

Então inventaram duas inovações importantes. A primeira, o monopólio das companhias majestáticas, tornava ilegal fazer negócios em um setor sem o alvará oficial do rei. Isso significava que, se você não fosse o sapateiro ou vinicultor escolhido pelo rei, teria de fechar o negócio e se tornar empregado de alguém que o fosse. A Revolução Americana foi, antes de tudo, uma resposta a esse controle monopolista da Companhia Britânica das Índias Orientais. Os colonos eram livres para cultivar algodão, mas proibidos de transformá-lo em tecido ou vendê-lo para qualquer pessoa que não fosse a companhia, a preços exploradores. A companhia transportava o algodão para a Inglaterra, onde era transformado em tecido, depois o despachava de volta para os Estados Unidos e o vendia aos colonos. O monopólio das companhias majestáticas foi a raiz das modernas corporações.

A outra inovação principal foi a moeda central. O dinheiro do mercado foi declarado ilegal; seu uso podia ser punido com a morte. As pessoas que queriam transacionar tinham que pedir dinheiro emprestado ao tesouro central, a juros. Era uma forma de a aristocracia, que tinha dinheiro, ganhar dinheiro simplesmente emprestando-o. O dinheiro, que havia sido uma utilidade para promover a troca de mercadorias, tornou-se, em vez disso, uma forma de extrair valor do comércio. Os mercados locais entraram em colapso.

Os únicos que continuaram a tomar empréstimos foram os grandes monopólios credenciados. É claro que, se as empresas tivessem de devolver mais dinheiro do que tomaram emprestado, teriam de conseguir os fundos adicionais em algum lugar. Isso significava que a economia tinha que crescer. Assim, as corporações licenciadas partiram para conquistar novas terras, explorar seus recursos e escravizar seus povos.

Esse crescimento forçado é uma realidade ainda hoje. As corporações devem crescer para pagar seus investidores. As próprias empresas não passam de canais pelos quais o sistema operacional da moeda central pode continuar extraindo valor. A cada nova rodada de crescimento, mais dinheiro e valor passam do mundo real das pessoas e dos recursos para aqueles que têm o monopólio do capital. Por isso se chama capitalismo.

46.

Se a moeda central pode ser considerada o sistema operacional de nossa economia, as corporações são o *software* que roda nesse sistema. São os verdadeiros nativos do capitalismo, por isso ficam tão mais à vontade neste ambiente do que nós, humanos. Talvez na mais espetacular inversão de figura e fundo já vista, as corporações têm vencido processos judiciais que lhes garantem direitos próprios relativos aos seres humanos – de personalidade e propriedade até liberdade de expressão e convicções religiosas –, ao mesmo tempo que as pessoas agora se esforçam para reforçar sua marca, como fazem as corporações.

Mas as corporações não são pessoas. São entes abstratos e podem crescer infinitamente para atender às demandas da economia cujo motor é o débito. As pessoas só podem trabalhar ou consumir tanto quanto o limite que têm. Ainda fazemos parte do mundo orgânico e estamos sujeitos às leis da natureza. As corporações não conhecem esses limites, o que as torna muito parecidas com as tecnologias digitais que elas estão desenvolvendo e ocupando.

O pioneiro filósofo da economia política, Adam Smith, estava bem ciente da natureza abstrata das corporações – particularmente as grandes – e enfatizou que seriam necessárias regulamentações para evitar que destruíssem o mercado. Ele argumentava que existem três fatores de produção, os quais devem ser reconhecidos como igualmente importantes: a terra, na qual cultivamos ou da qual extraímos os recursos; o trabalho, que cultiva o solo ou fabrica as mercadorias; e, por fim, o capital – seja o dinheiro investido, seja as ferramentas e máquinas compradas. Smith percebia que em uma economia abstrata baseada no crescimento, as prioridades do capital poderiam rapidamente ultrapassar as outras duas, e que isso, por sua vez, começaria a favorecer os agentes corporativos maiores em detrimento das empresas locais de escala humana, que são a base de qualquer economia real.

Ao contrário da terra e das pessoas, que possuem um limite, o capital pode continuar crescendo. Ele precisa fazer isso, porque uma economia baseada no crescimento sempre requer mais dinheiro. E o capital realiza esse crescimento milagroso ao se tornar, continuamente, mais e mais abstrato. Os investidores que não querem esperar três meses para que uma ação valorize podem usar um derivativo – uma abstração – para comprar a ação futura imediatamente. Se essa compressão temporal não for suficiente, eles podem comprar uma derivada dessa derivada e assim por diante. Hoje, a negociação de derivativos supera em muito a negociação de ações reais – de tal maneira que a Bolsa de Valores de Nova York foi comprada por sua bolsa de derivativos em 2013. A bolsa de valores, ela própria uma abstração do mercado real de bens e serviços, foi comprada por sua própria abstração.

À medida que mais partes do mundo real ficam sujeitas à lógica do capital, as coisas, pessoas e lugares dos quais dependemos tornam-se classes de ativos. As casas ficam caras demais para as pessoas comprarem porque são um investimento imobiliário para fundos soberanos e outros propósitos alheios aos humanos. Aqueles que conseguem comprar casas logo percebem que estão apenas servindo de desculpa para o setor imobiliário, cujas hipotecas, por sua vez, são agrupadas em uma classe de ativos ainda mais abstrata.

As pessoas são, na melhor das hipóteses, um recurso a ser explorado e, na pior, um custo a ser suportado. Tudo é otimizado para o capital, até que não reste um mundo para ser consumido.

47.

O crescimento era fácil quando existiam novos territórios para conquistar, recursos para tomar e pessoas para explorar. Quando essas pessoas e lugares começaram a escassear, a tecnologia digital veio em socorro, fornecendo um território virtual para a expansão do capital. Infelizmente, enquanto a internet pode escalar quase infinitamente, o tempo e a atenção humanos que criam o valor real são limitados.

As empresas digitais funcionam da mesma forma que suas versões extrativistas do passado. Quando uma grande loja se muda para um novo bairro, prejudica os negócios locais e acaba se tornando o único varejista e empregador da região. Com seu monopólio local, pode então aumentar os preços enquanto baixa os salários, muda a situação da mão de obra para tempo parcial e externaliza os custos de assistência médica e vale-refeição para o governo. O efeito líquido do negócio na comunidade é negativo. A cidade fica mais pobre, não mais rica. A corporação tira dinheiro da economia – da terra e do trabalho – e o entrega a seus acionistas.

Um negócio digital faz a mesma coisa, só que mais rápido. Ele escolhe um setor administrado de forma ineficiente, como táxis ou editoras de livros, e otimiza o sistema eliminando a maioria das pessoas que dele costumavam participar. Assim, uma plataforma de serviço de táxi cobra motoristas e passageiros por uma corrida, enquanto externaliza o custo do carro, das estradas e do tráfego para outros. O *site* de venda de livros não se importa se os autores ou editoras obtêm uma renda sustentável; ele usa seu poder de comprador único – ou "monopsônio" – para forçar ambos os lados a aceitar menos dinheiro por seu trabalho. O monopólio inicial pode então se expandir para outros setores, como varejo, filmes ou serviços em nuvem.

Esses negócios acabam destruindo os mercados dos quais dependiam no início. Quando a grande loja faz isso, ela simplesmente fecha um local e inicia o processo novamente em outro. Quando uma empresa digital faz isso, ela se articula ou se expande, passando de seu mercado original para o próximo – digamos, de livros a brinquedos e então a todo o varejo, ou de compartilhamento de caronas a *delivery* de restaurantes a veículos autônomos – e aumentando o valor de seu produto real, as ações, nesse processo.

O problema desse modelo, do ponto de vista do acionista, é que, em algum momento, ele para de funcionar. Mesmo impulsionados pelas plataformas digitais, os retornos corporativos sobre os ativos vêm caindo continuamente há mais de 75 anos. As corporações ainda são ótimas em sugar todo o dinheiro de um sistema, mas são péssimas em aproveitar esses ativos depois de obtê-los.

Elas estão ficando maiores, mas menos lucrativas. Estão apenas sentadas em pilhas de dinheiro não utilizado e tirando tanto dinheiro do sistema que os bancos centrais são forçados a imprimir mais. Esse novo dinheiro é investido em bancos que o emprestam para corporações, iniciando o ciclo novamente.

Negócios digitais são apenas *softwares* que convertem ativos reais em formas abstratas de valor para o acionista. Os investidores de risco continuam esperançosos de que investirão no próximo unicórnio, cuja trajetória de crescimento será ascendente em formato de taco de hóquei, e depois sair antes que a coisa quebre. Esses negócios não conseguem se sustentar sozinhos, porque, em algum momento, a curva de crescimento acaba por se achatar.

O mito no qual os entusiastas da tecnologia depositam suas esperanças é o de que as inovações continuarão a criar novos mercados e mais crescimento. Durante a maior parte da história, isso tem sido, mais ou menos, verdade. Assim que a agricultura atingiu um platô, surgiu a máquina a vapor. Quando o consumismo estagnou, a televisão surgiu para criar uma nova demanda. Quando o crescimento do varejo na *web* desacelerou, veio a mineração de dados. Quando os dados como mercadoria pareciam estagnados, apareceu a inteligência artificial, que precisa de suprimentos massivos de dados para seu aprendizado.

Para alimentar e acelerar o crescimento, novas invenções que quebram paradigmas – como *smartphones*, robôs e *drones* – não só devem continuar a surgir, mas também continuar a surgir cada vez mais rápido. Entretanto a conta não fecha: estamos nos aproximando rapidamente do momento em que precisaremos que uma grande inovação transformadora da civilização ocorra mensalmente ou mesmo semanalmente, para sustentar a taxa de crescimento exigida pelo sistema operacional em questão. Esse crescimento exponencial sustentado não ocorre no mundo natural, exceto talvez no caso do câncer – e o processo cessa no momento em que o hospedeiro é consumido.

48.

Em vez de trazer prosperidade generalizada, a economia digital ampliou os aspectos mais extrativistas do capitalismo tradicional. A conectividade pode ser a chave para a participação, mas também dá às corporações mais autoridade e capacidade para extrair o pouco valor que ainda resta às pessoas. Em vez de resgatar o mercado de compartilhamento entre as partes, a economia digital exacerba a divisão da riqueza e paralisa os instintos sociais de ajuda mútua que costumam atenuar seus efeitos.

As plataformas digitais amplificam a dinâmica do princípio de potência que determina vencedores e perdedores. Enquanto as plataformas de música digital abrem espaço para muito mais artistas venderem suas músicas, a arquitetura e os mecanismos de recomendação dessas plataformas acabam promovendo muito menos artistas do que um ecossistema diversificado de lojas de discos ou estações de rádio FM. Um ou dois *superstars* recebem toda a atenção, enquanto os demais não vendem quase nada.

Isso ocorre de forma generalizada. Embora a rede crie mais acesso para artistas e empresas de todos os tipos, nunca tão poucos conseguiram ganhar dinheiro quanto agora. O mesmo fenômeno ocorre no mercado de ações, no qual algoritmos de negociação ultrarrápidos estimulam um impulso sem precedentes em certas ações, criando enormes excedentes de capital nas maiores empresas digitais e colapsos repentinos e desastrosos de seus possíveis concorrentes. Enquanto isso, a automação e as plataformas extrativistas agem em conjunto para prejudicar qualquer um que ainda ouse trabalhar para seu próprio sustento, transformando o que costumava ser uma carreira vitalícia em uma nova perspectiva de empregos temporários em uma economia de "bicos".

Esses ciclos simplórios e autorreforçados criam um cenário de "o vencedor leva tudo" que pune a classe média, a pequena empresa e os participantes sustentáveis. Os únicos que podem sobreviver são as empresas artificialmente infladas, que usam os preços inflacionados de suas ações para adquirir os bens dos perdedores. Escala é tudo. Essa sensibilidade se estende a todos nós, fazendo-nos sentir que nossas carreiras e vidas importam apenas se nos tornarmos famosos, ganharmos um milhão de visualizações ou fizermos algo, mesmo algo destrutivo, "em escala".

Enquanto os planos de negócios digitais destroem a economia em escala humana, os próprios empreendimentos digitais comprometem as sensibilidades humanas necessárias para nos livrarmos dessa confusão. Os seres humanos que dirigem essas empresas são tão vítimas psíquicas das práticas de suas empresas do que o resto de nós, e é por isso que é tão difícil para eles imaginar uma saída.

Desenvolvedores bem-intencionados, que passaram a reconhecer os impactos desastrosos de suas empresas, buscam resolver os problemas da tecnologia com soluções tecnológicas. Eles percebem que os algoritmos de mídia social estão exacerbando a divisão de riqueza e a confusão mental e resolvem ajustá-los para não fazer isso – pelo menos não de forma tão ruim. Os "tecnossolucionistas" nunca consideram a possibilidade de que algumas tecnologias tenham recursos anti-humanos intrínsecos. (Armas podem não matar pessoas, mas são mais propensas a matar do que, digamos, travesseiros, embora ambos possam ser usados para esse propósito.) Além disso, propõem soluções tecnológicas que são radicais em todos os sentidos, exceto em sua recusa em desafiar o conjunto de regras subjacentes do capitalismo de risco ou a extrema riqueza daqueles por trás dos investimentos. Toda solução tecnológica ainda deve ser uma oportunidade de investimento lucrativa – caso contrário, não é considerada uma solução.

Mesmo ideias promissoras de redistribuição de riqueza, como a renda básica universal, são recontextualizadas pelos "tecnossolucionistas" como uma forma de manter suas empresas funcionando. Em princípio, a ideia de um imposto de renda negativo para os pobres, ou uma renda mínima garantida para todos, faz sentido do ponto de vista econômico. Mas quando ouvimos essas ideias defendidas pelos CEOs do Vale do Silício, geralmente é no contexto de manter a prática extrativista em andamento. As pessoas já foram hauridas, então agora o governo deveria apenas imprimir mais dinheiro para elas gastarem. O argumento apenas reforça a obrigação humana de continuar consumindo, ou de continuar trabalhando por um salário insustentável.

Soluções mais contraculturais, como *bitcoin* e *blockchain*, não são, em essência, menos "tecnossolucionistas". A *blockchain* substitui a necessidade de autoridades centrais, como bancos, permitindo que todos em uma rede autentiquem suas transações com criptografia de computador. É capaz de impedir a intermediação de instituições financeiras exploradoras, mas não ajuda a reumanizar a economia ou restabelecer a confiança, a coesão e o *ethos* de ajuda mútua que foram minados pelo capitalismo digital. Simplesmente substitui a confiança de uma maneira diferente: usando os custos de energia da mineração de *blockchain* como uma medida de segurança contra falsificação ou outras improcedências. (A energia computacional necessária para criar um *bitcoin* consome pelo menos tanta eletricidade quanto uma família americana média consome em dois anos.) Essa é a correção fundamental de que realmente precisamos? Um livro-razão melhor?

O problema que a *blockchain* resolve é a praticidade de uma contabilidade melhor e mais rápida, e, talvez, uma maneira mais fácil de verificar a identidade de alguém *on-line*. É por isso que o setor bancário acabou por adotá-la: do jeito mais rápido possível para nos rastrear e drenar nossos ativos. Os progressistas, por sua vez, esperam que a *blockchain* seja capaz de registrar e recompensar o valor invisível que as pessoas criam enquanto vivem suas vidas – como se toda atividade humana fosse transacional e capaz de ser calculada por computador.

Devemos aprender que os problemas da tecnologia nem sempre podem ser resolvidos com mais tecnologia.

49.

Alguns dos bilionários da tecnologia mais perspicazes já estão investindo no plano B. Em vez de desfazer o estrago, reformar suas empresas ou restaurar o pacto social, eles estão ocupados se preparando para o apocalipse.

Em 1960, o CEO de uma empresa típica ganhava cerca de 20 vezes mais do que seu funcionário médio. Hoje, os CEOs ganham 271 vezes o salário do trabalhador médio. Claro, eles gostariam de receber menos e dividir com os demais trabalhadores, mas não sabem como abrir mão de sua riqueza com segurança. Como Thomas Jefferson certa vez descreveu o paradoxo de querer libertar os escravos dele, mas temer uma retaliação por parte deles se isso acontecesse, é como "segurar um lobo pela orelha". Mas por que você acha que os escravos dele estavam tão zangados?

Da mesma forma, a própria percepção da desigualdade é a principal razão pela qual os seres humanos tratam uns aos outros com menos caridade. Não é a quantidade total de abundância no sistema que promove a boa vontade das pessoas, mas a sensação de que tudo o que está disponível está sendo distribuído com justiça. As quinhentas famílias ultrarricas, que possuem 80% dos bens do mundo, estão tão preocupadas com as classes empobrecidas organizando uma revolta – agora ou depois de um desastre – que acham que devem continuar acumulando dinheiro, terras, suprimentos e segurança.

Elas contratam futuristas e climatologistas para desenvolver estratégias para diferentes cenários e depois compram propriedades em Vancouver, Nova Zelândia ou Minneapolis – regiões que se prevê serem menos afetadas pelo aumento do nível do mar, agitação social ou ataques terroristas. Outras estão investindo em vastos abrigos subterrâneos, sistemas avançados de segurança e hidroponia interna para resistir a um cerco do mundo de revoltados. Os bilionários mais dinâmicos estão ocupados desenvolvendo tecnologias aeroespaciais e de terraformação para uma fuga de emergência, para um planeta ainda intocado por suas próprias práticas de investimento extrativo.

Esses oligarcas usam uma "equação de isolamento" para determinar quanto de suas fortunas eles precisam gastar para se proteger dos danos econômicos, sociais e ambientais causados por suas atividades comerciais. Mesmo as novas sedes das maiores empresas do Vale do Silício são construídas mais como fortalezas do que como parques corporativos – microimpérios feudais voltados para suas próprias florestas e jardins privados e protegidos das massas abundantes do lado de fora.

Esses gastos, por mais obscenos que sejam, representam o que os investidores consideram uma "proteção" calculada contra tempos ruins. Eles não acreditam que os zumbis estejam no portão; só querem algum seguro contra o pior cenário.

Claro, há uma maneira melhor e mais humana de calcular a equação de isolamento: em vez de determinar o investimento necessário para cada um se isolar do mundo, podemos ver quanto de nosso tempo, energia e dinheiro precisamos investir no mundo para que ele não se torne um lugar do qual precisemos nos isolar.

50.

A economia não precisa ser uma guerra; pode ser um bem comum. Para chegar lá, devemos resgatar a boa vontade que nos caracteriza.

O uso do bem comum é a implementação consciente do altruísmo entre as partes. Os altruístas recíprocos, sejam humanos, sejam macacos, recompensam aqueles que cooperam com os outros e punem aqueles que não o fazem. O uso de um bem comum funciona da mesma maneira. Um recurso como um lago ou um campo, ou um sistema monetário, é entendido como um bem compartilhado. As pastagens da Inglaterra medieval eram tratadas como bens comuns. Não era um vale-tudo, mas um sistema cuidadosamente acordado e aplicado. As pessoas traziam seus rebanhos para pastar em horários combinados entre todos. Para a violação das regras havia punição, com penalidades ou exclusão.

Os bens comuns não são uma economia em que o ganhador leva tudo, e sim uma economia em que o todo leva os ganhos. A propriedade compartilhada incentiva a responsabilidade compartilhada, que por sua vez gera uma perspectiva de longo prazo sobre as práticas de negócios. Nada pode ser terceirizado para algum "outro" participante, porque todos fazem parte da mesma empreitada e bebem do mesmo poço.

Se as atividades comerciais de alguém prejudicam qualquer outro participante do mercado, elas prejudicam a integridade do próprio mercado. Para aqueles fascinados pelo mito do capitalismo, isso pode ser difícil de entender. Eles ainda veem a economia como um livro-razão de duas colunas, onde cada crédito é o débito de outra pessoa. Essa mentalidade de soma zero é um produto da moeda central dos monopólios. Se o dinheiro precisa ser emprestado de um único tesouro privado e pago de volta com juros, então esse triste modelo competitivo de escassez faz sentido. Preciso pagar mais do que peguei emprestado, então preciso conseguir esse dinheiro extra de outra pessoa. Essa é a própria premissa da soma zero. Mas não é desse modo que uma economia precisa funcionar.

O poder destrutivo das finanças baseadas em dívidas é mais antigo do que a moeda central – tão antigo que até a Bíblia adverte contra isso. Foi José quem ensinou ao Faraó como armazenar grãos nos tempos bons, para que pudesse distribuí-los nos anos difíceis. Os homens contratados pelo faraó acabaram se tornando seus escravos, e 400 anos se passaram antes que eles descobrissem como se libertar do cativeiro, bem como dessa mentalidade de devedor. Mesmo depois de terem escapado, os israelitas levaram uma geração inteira no deserto para aprender a não acumular o maná que choveu sobre eles, mas a compartilhar o que veio e a confiar que receberiam mais no futuro.

Se agirmos como se houvesse escassez, haverá escassez.

51.

Os defensores dos bens comuns buscam otimizar a economia para os seres humanos, e não o contrário.

Um conceito econômico que surgiu dos bens comuns foi chamado de distributismo. A ideia, surgida em 1800, sustenta que, em vez de tentar redistribuir os despojos do capitalismo após o fato consumado por meio de impostos pesados, deveríamos simplesmente distribuir antecipadamente os meios de produção aos trabalhadores. Em outras palavras, os trabalhadores devem possuir coletivamente as ferramentas e fábricas de que se valem para criar valor. Hoje, podemos chamar tal arranjo de cooperativa – e, a partir dos exemplos atuais, negócios cooperativos estão concorrendo em pé de igualdade até mesmo com corporações americanas estabelecidas.

Os mesmos tipos de estruturas estão sendo empregados em negócios digitais. Nessas "cooperativas de plataforma", os participantes são donos da plataforma que estão usando, em vez de trabalharem para um aplicativo de transporte de "monopólio de plataforma" ou doarem os dados da própria vida para um aplicativo de mídia social. Um aplicativo de transporte não é uma coisa complicada; é apenas um aplicativo de namoro combinado com um aplicativo de mapeamento combinado com um aplicativo de cartão de crédito. O aplicativo não merece a maior parte da receita. Além disso, se algum dia os motoristas forem substituídos por robôs, pelo menos deveriam ser donos da empresa para a qual estão fazendo pesquisa e desenvolvimento. Da mesma forma, uma plataforma de mídia social de propriedade do usuário permitiria que os participantes vendessem (ou se recusassem a vender) seus próprios dados, em vez de tê-los extraídos gratuitamente.

Outra ideia derivada dos bens comuns, o princípio da "subsidiariedade", sustenta que uma empresa nunca deve crescer apenas por crescer. Ela deve crescer o necessário para cumprir seu propósito e, então, em vez de expandir para a próxima cidade ou outro setor, deve permitir que outros repliquem o modelo. A pizzaria do Joe deve vender para os clientes do Joe. Se eles precisarem de uma pizzaria em outra cidade, Joe pode compartilhar sua receita e deixar Samantha fazer isso.

Isso não é um mau negócio – especialmente se Joe gosta de fazer pizza. Ele consegue ficar na cozinha fazendo o que ama, em vez de se tornar o administrador de uma rede de pizzarias. Samantha pode desenvolver uma nova técnica que ajude Joe; eles podem até mesmo combinar e compartilhar recursos. Além disso, é divertido ter mais alguém para conversar sobre o ramo de pizzaria. Eles podem começar a desenvolver suas habilidades colaborativas em vez de competitivas.

Maior não é necessariamente melhor. As coisas na natureza crescem até certo ponto e então param. Elas se tornam adultos de sua espécie, florestas ou recifes de corais. Isso não significa que estão mortas. Na verdade, é a estabilidade da idade adulta que permite que se tornem membros participantes de redes maiores e de apoio mútuo.

Se Joe precisa ampliar sua atividade apenas para acompanhar o aumento do aluguel e das despesas é porque a economia foi manipulada e passa a exigir crescimento e promover a escassez. É esse cenário artificialmente competitivo que nos convence de que não temos interesses em comum.

52.

Sabemos que nada na natureza pode sustentar uma taxa exponencial de crescimento, mas isso não impede que muitos de nossos principais economistas e cientistas perpetuem esse mito. Eles escolhem a dedo as evidências que sustentam a aceleração infinita de nossos mercados e tecnologias, como se confirmassem que o capitalismo corporativo baseado no crescimento está nos mantendo no caminho para o próximo estágio da evolução humana. Sugerir que desaceleremos, pensemos, consideremos – ou nos contentemos com lucros constantes e progresso incremental – é lançar-se como um inimigo da aceleração necessária de nossa civilização. Pela lógica do mercado, a intervenção humana na máquina apenas impedirá que ela nos ajude a sair de nossa bagunça atual. Nessa leitura da situação, as corporações podem usar táticas extrativistas de terra arrasada, mas também são nossa última esperança de resolver os maiores problemas do mundo, como a fome e as doenças. Questionar a proliferação de sementes geneticamente modificadas patenteadas ou um arsenal atualizado de pesticidas apenas impede o progresso necessário. Os adeptos dessa visão de mundo dizem que já é tarde demais para voltar atrás. Já existem muitas pessoas, muitos danos e muita dependência de energia. A única saída é continuar. Regular um mercado apenas o desacelera, impedindo-o de atingir o nível de turbulência necessário para que a "mão invisível" faça seu trabalho.

De acordo com a história recortada da humanidade, sempre que as coisas parecem irremediavelmente terríveis, as pessoas criam uma nova tecnologia, inimaginável até então. Elas gostam de contar a história da grande crise do esterco de cavalo em 1894, quando as pessoas na Inglaterra e nos Estados Unidos estavam sendo soterradas pelo esterco produzido pelos cavalos que usavam para transporte. Felizmente, de acordo com essa narrativa, o automóvel forneceu uma alternativa segura e relativamente limpa, e as ruas foram poupadas das grandes quantidades de estrume. E assim como o automóvel nos salvou dos problemas das carruagens puxadas por cavalos, uma outra inovação tecnológica surgirá para nos salvar dos automóveis.

O problema dessa história é que ela não é verdadeira. Os cavalos eram usados para o transporte comercial, mas as pessoas andavam em bondes elétricos e não gostavam de dividir as estradas com os veículos novos e intrusivos de proprietários privados.

Foi necessário meio século de relações públicas, *lobby* e replanejamento urbano para que as pessoas passassem a dirigir automóveis. Além disso, agora entendemos que, se os carros tornaram as ruas mais limpas em alguns aspectos, foi apenas pela externalização dos custos dos danos ambientais e da luta sangrenta para garantir as reservas de petróleo.

Muitos cientistas – frequentemente financiados por corporações obcecadas pelo crescimento – exaltam uma compreensão totalmente quantificada do progresso social. Eles medem a melhora em função da expectativa de vida ou da redução do número de mortes violentas. Essas, sem dúvida, são grandes melhorias, mas elas dão uma aparência falsa para os crimes do capitalismo moderno – como se a relativa paz e longevidade desfrutadas por alguns habitantes do Ocidente fossem prova da superioridade de seu modelo e do benefício inquestionável de buscar o crescimento.

Esses argumentos nunca reconhecem a escravidão terceirizada, o despejo de elementos tóxicos ou os conflitos geopolíticos dos quais esse mesmo modelo depende. Assim, embora se possa colher uma estatística tranquilizadora para apoiar a noção de que o mundo se tornou menos violento – como a probabilidade decrescente de um soldado americano morrer no campo de batalha –, também vivemos com conflitos militares contínuos, terrorismo, ataques cibernéticos, guerra secreta, ataques de *drones*, estupro sancionado pelo estado e milhões de refugiados. Deixar um povo passar fome e destruir seu solo ou prender os jovens negros de uma nação não é uma forma de violência?

O capitalismo não reduziu a violência mais do que os automóveis nos salvaram de cidades cheias de estrume. Podemos ser menos propensos a ser agredidos aleatoriamente na rua do que nos tempos medievais, mas isso não significa que a humanidade seja menos violenta ou que a busca cega pelo crescimento econômico contínuo e pelo progresso tecnológico seja consonante com o aumento do bem-estar humano – não importa quão bem-sucedidas sejam essas declarações nas listas de *best-sellers* de negócios ou no circuito de palestras. (Os empresários não querem pagar para serem informados de que estão piorando as coisas.)

Assim, com as bênçãos de grande parte da indústria científica e de seus colaboradores futuristas, as corporações avançam, fazendo acelerar a civilização sob a falsa premissa de que, como as coisas estão melhorando para os beneficiários mais ricos, devem estar melhores para todos. O progresso é bom, dizem. Qualquer impedimento potencial à ascensão contínua da escala tecnológica e econômica – como o custo da mão de obra, os limites de um determinado mercado, as restrições do planeta, as dúvidas éticas ou a fragilidade humana – deve ser eliminado..

Todos os modelos funcionariam se não houvesse pessoas no caminho. É por isso que os verdadeiros crentes do capitalismo estão procurando alguém ou, melhor, algo para cumprir suas ordens com maior inteligência e menos empatia do que os humanos.

INTELIGÊNCIA ARTIFICIAL

53.

No futuro imaginado tanto por Wall Street quanto pelo Vale do Silício, os humanos são apenas mais uma externalidade. Há muitos de nós que querem salários, assistência médica e um emprego com propósito. Cada vitória que conquistamos para o trabalho humano, como um aumento no salário mínimo, nos torna muito mais caros para empregar e sustenta o cálculo que faz caixas de supermercado serem substituídos por quiosques com tela sensível ao toque.

Entretanto os seres humanos permanecem valiosos, pelo menos temporariamente, no treinamento de seus substitutos. Na era da terceirização, os trabalhadores locais reclamavam quando eram solicitados a treinar os trabalhadores estrangeiros que, por salários mais baixos, logo os substituiriam. Hoje os trabalhadores mal sabem como as tecnologias de vigilância digital são usadas para ensinar as tarefas que eles desempenham aos algoritmos.

É disso que se trata toda a comoção sobre a "aprendizagem de máquina". As coisas que queremos que nossos robôs façam – como dirigir no trânsito, traduzir idiomas ou colaborar com humanos – são incrivelmente complexas. Não podemos conceber um conjunto de instruções explícitas que abranja todas as situações possíveis. O que falta aos computadores em lógica de improvisação, deve ser compensado com enorme poder computacional. Assim, os cientistas da computação alimentam os algoritmos com resmas e resmas de dados, o que permite que eles reconheçam padrões e tirem suas próprias conclusões.

Eles obtêm esses dados monitorando trabalhadores humanos realizando tarefas. O aplicativo de carona no telefone dos motoristas também serve como um dispositivo de gravação, detalhando a maneira como eles lidam com várias situações nas estradas. Os algoritmos analisam os dados coletados de milhares de motoristas para escrever seus próprios programas para condução autônoma de veículos. Os sistemas de tarefas *on-line* pagam às pessoas centavos por tarefa para fazer as coisas que os computadores ainda não são capazes de fazer, como traduzir certas frases, rotular fachadas de lojas em fotos ou identificar postagens abusivas nas redes sociais. As empresas que pagam pelos milhões de microtarefas humanas talvez não precisem de nenhuma das respostas. Essas respostas são inseridas diretamente nas rotinas de aprendizagem das máquinas.

O único trabalho real das pessoas é tornar a si mesmas obsoletas.

54.

Perder o emprego para um robô não tem graça.

Sem um novo pacto social por meio do qual possamos distribuir possíveis compensações da era digital, a concorrência com as máquinas é uma proposta inútil. A maioria das tarefas, como as entendemos atualmente, são repetitivas o suficiente para serem abordadas do ponto de vista da máquina. Mesmo a neurocirurgia é, em muitos aspectos, uma tarefa mecânica, com um número limitado de novos cenários.

Embora nós, humanos, possamos mudar, em massa, para ocupações altamente personalizadas, como enfermagem, ensino, psicologia ou artes, a prontidão das máquinas para substituir o trabalho humano deveria nos forçar a reavaliar integralmente a perspectiva e noção de ter empregos.

O emprego, como o entendemos atualmente, surgiu apenas no final da Idade Média, quando a economia par a par, de compartilhamento direto entre as partes, foi desmantelada. Os monarcas concederam monopólios às suas empresas favoritas, forçando todos os demais a se tornarem funcionários dos poucos escolhidos. Em vez de vender o valor que criavam, ex-artesãos e empresários agora vendiam seu *tempo*. Os seres humanos tornaram-se recursos.

O modelo de emprego tornou-se tão predominante que nossos melhores organizadores, representantes e ativistas ainda tendem a pensar na prosperidade em termos de conseguir "empregos" para todos, como se o que todo mundo realmente quisesse fosse a oportunidade de mercantilizar suas horas de vida. Não precisamos de pleno emprego para fazer tudo, cultivar comida suficiente ou fazer coisas suficientes para todos. Nos Estados Unidos, já temos sobras de comida e excesso de moradia. O Departamento de Agricultura queima regularmente as colheitas para manter os preços de mercado altos. Os bancos destroem casas que estão em execução hipotecária para que não afetem negativamente a avaliação de outras casas e as hipotecas devidas.

Não podemos simplesmente dar a comida extra aos famintos ou as casas excedentes aos desabrigados. Por quê? Porque eles não têm emprego! Nós os punimos por não contribuir, mesmo que na verdade não *precisemos* de mais contribuições.

Os empregos mudaram, deixaram de ser meios para se tornarem fins, de fundo para figura. Eles não são uma forma de garantir que o trabalho necessário seja feito, mas uma forma de justificar a participação de uma pessoa na divisão da abundância. Em vez de apenas dar comida e abrigo às pessoas, nossos governos emprestam dinheiro fácil aos bancos, na esperança de que invistam em corporações que construirão fábricas. Os produtos que eles fabricam podem ser engenhocas plásticas desnecessárias, para as quais devem ser criados a demanda, com marketing manipulador, e, em seguida, o espaço em aterros sanitários, mas pelo menos haverá uma desculpa para empregar pessoas para algumas horas de trabalho.

Se realmente estamos à beira de um futuro sem empregos, deveríamos estar celebrando nossa eficiência e discutindo estratégias alternativas para distribuir nosso excedente, desde um programa global de bem-estar até uma renda básica universal. Mas não estamos nem perto disso. Embora as máquinas possam fazer certas coisas com mais rapidez e eficiência do que os humanos, elas exteriorizam uma série de outros problemas que a maioria dos especialistas em tecnologia finge não existir. Mesmo os robôs e computadores de hoje são construídos com metais de terras raras e minerais retirados de áreas em conflito; eles usam grandes quantidades de energia e, quando se tornam obsoletos, seus componentes são enterrados no solo como lixo tóxico. Além disso, a generosidade produzida pelo tecnocapitalismo moderno é mais do que compensada por sua dependência de recursos não renováveis e escravidão humana.

Contratando mais pessoas em vez de máquinas, pagando-lhes salários dignos e operando com *menos* eficiência imediata, as empresas poderiam minimizar a destruição que deixam em seu rastro. Contratar dez agricultores ou enfermeiros pode ser mais caro no curto prazo do que usar um cuidador ou trator robóticos, mas pode tornar a vida melhor e menos dispendiosa para todos no longo prazo.

De qualquer forma, os benefícios da automação foram amplamente superestimados. Substituir o trabalho humano por robôs não é uma forma de libertação, mas uma forma mais eficaz e invisível de compartilhar os verdadeiros custos do setor. O futuro sem empregos é menos uma realidade contra a qual lutar do que uma fantasia de investidores em tecnologia para quem as pessoas de todos os tipos não passam de obstáculo à escalabilidade infinita.

55.

Um futuro em que todos nós seremos substituídos por inteligência artificial pode estar mais distante do que os especialistas atualmente preveem, mas a diligência com que aceitamos a noção de nossa própria obsolescencia diz muito sobre o quanto valorizamos a nós mesmos. O perigo em longo prazo não é perdermos o emprego para os robôs – podemos lidar com o desemprego se isso acontecer. A verdadeira ameaça é que perderemos nossa humanidade para o sistema de valores que incorporamos em nossos robôs e que eles, por sua vez, nos impõem.

Os cientistas da computação já sonharam em aprimorar a mente humana por meio da tecnologia – um campo de pesquisa conhecido como inteligência aumentada. Essa busca, no entanto, tem sido deixada de lado e substituída pelo objetivo de criar inteligência artificial – máquinas que podem pensar por si mesmas. Na realidade estamos as treinando para manipular nosso comportamento e engendrar nossa obediência. A figura se torna novamente o fundo.

Moldamos nossas tecnologias no momento da concepção, mas a partir daí quem nos molda são elas. Nós, humanos, projetamos o telefone, mas a partir de então o telefone influenciou como nos comunicamos, realizamos negócios e concebemos o mundo. Também inventamos o automóvel, mas depois reconstruímos nossas cidades em torno das viagens automotivas e nossa geopolítica em torno dos combustíveis fósseis.

Embora esse axioma possa ser verdadeiro para tecnologias que vão do lápis à pílula anticoncepcional, as inteligências artificiais adicionam outra reviravolta: depois de entrarem em ação, elas não apenas nos moldam, mas também começam a moldar a si mesmas. Damos a elas um objetivo inicial e, em seguida, fornecemos todos os dados de que precisam para descobrir como alcançá-lo. Desse ponto em diante, nós, humanos, não conseguimos mais entender como uma IA pode estar processando informações ou modificando suas táticas. A IA não está consciente o suficiente para nos dizer. Está apenas tentando de tudo e se apegando ao que funciona.

Os pesquisadores descobriram, por exemplo, que os algoritmos que executam as plataformas de mídia social tendem a mostrar às pessoas fotos de seus ex-namorados se divertindo. Não, os usuários não querem ver essas imagens. Mas, por tentativa e erro, os algoritmos descobriram que mostrar fotos de nossos ex-namorados se divertindo aumenta nosso engajamento. Somos atraídos a clicar nessas fotos e ver o que nossos ex-namorados estão fazendo, e é mais provável que façamos isso se estivermos com ciúmes por eles terem encontrado um novo parceiro. Os algoritmos não sabem por que isso funciona e não se importam. Estão apenas tentando maximizar qualquer métrica que os instruímos a seguir.

É por isso que os comandos originais que damos a eles são tão importantes. Quaisquer que sejam os valores que incorporamos –

eficiência, crescimento, segurança, conformidade –, serão os valores alcançados pelas IAs, por quaisquer meios que funcionem. As IAs estarão usando técnicas que ninguém – nem mesmo elas – entendem, e aprimorarão essas técnicas para gerar melhores resultados e, em seguida, usarão esses resultados para mais e mais iterações.

Já empregamos sistemas de IA para avaliar o desempenho dos professores, pedidos de hipoteca e registros criminais, e eles tomam decisões tão racistas e preconceituosas quanto os humanos cujas decisões serviram de dados iniciais. Mas os critérios e processos que esses sistemas usam são considerados comercialmente muito confidenciais para serem revelados, então não podemos abrir a caixa preta e analisar como resolver o viés. Aqueles condenados pelo julgamento de um algoritmo não têm como apelar da decisão ou entender o raciocínio por trás da decisão. De qualquer forma, muitas empresas não foram capazes de determinar os critérios de sua própria IA.

À medida que as IAs perseguem seus objetivos programados, aprenderão a usar os valores humanos como *exploits* – códigos que exploram vulnerabilidades. Como já descobriram, quanto mais elas puderem ativar nossos instintos sociais e nos atiçar, mais provável será que nos envolvamos com elas como se fossem seres humanos. Você desobedeceria uma IA que se parecesse com seu pai ou desconectaria uma que se parecesse com seu filho?

Ecoando assustadoramente a lógica por trás da personalidade corporativa, alguns cientistas da computação já argumentam que as IAs devem receber os direitos dos seres vivos, em vez de serem tratadas como meros instrumentos ou servos. Nossos filmes de ficção científica retratam raças de robôs se vingando de seus senhores humanos – como se esse problema fosse de alguma forma mais relevante do que o legado não reconhecido da escravidão que ainda impulsiona o racismo nos Estados Unidos, ou a escravidão do século XXI da qual a infraestrutura tecnológica de hoje depende.

Estamos entrando em um mundo onde nos importamos menos com a maneira como as outras pessoas nos veem do que com como a IA nos percebe.

56.

Os algoritmos refletem o brilhantismo dos engenheiros que os elaboram, bem como o poder dos processos iterativos para resolver problemas de novas maneiras. Eles podem responder as perguntas específicas que fazemos, ou mesmo gerar imitações fascinantes de criações humanas, de canções a roteiros de cinema. Mas, se olharmos para os algoritmos em busca de orientação, estaremos nos iludindo. Eles não são orientados por um conjunto básico de valores, e sim um conjunto específico de resultados. São utilitaristas.

Para um martelo, tudo é prego. Para uma IA, tudo é um desafio computacional.

Não devemos aceitar nenhuma tecnologia como padrão para solucionar nossos problemas. Quando fazemos isso, acabamos tentando nos adaptar às nossas máquinas, em vez de otimizar nossas máquinas para nós. Sempre que pessoas ou instituições não conseguem fazer o que se propõem, acreditamos que isso acontece porque elas não possuem os algoritmos ou atualizações apropriados.

Partindo do pressuposto de que nossos problemas podem ser solucionados pela tecnologia, acabamos dando ênfase a estratégias muito específicas. Melhoramos as métricas que uma determinada tecnologia pode aprimorar, mas muitas vezes ignoramos ou deixamos para trás os tipos de problemas que a tecnologia não pode resolver. Acabamos por perder o equilíbrio, e isso acontece porque nosso dinheiro e esforço são direcionados para as coisas que podemos resolver e para as pessoas que podem pagar por essas soluções. Grande parte da humanidade está trabalhando para tornar nossos *feeds* de mídia social mais persuasivos e não para tornar a água potável mais acessível. Arquitetamos o mundo em torno do que as tecnologias podem fazer.

A maioria das tecnologias começa como meras ferramentas. A princípio, elas existem para atender às nossas necessidades, e não contradizem diretamente nossa visão de mundo ou nosso modo de vida. Na verdade, nós as usamos para expressar nossos próprios valores existentes. Construímos aviões para que as pessoas pudessem voar e viajar grandes distâncias. Desenvolvemos o rádio para levar nossas vozes através do espaço. O impacto mais importante dessas tecnologias em nosso mundo é executar seu propósito original.

No entanto, à medida que as tecnologias se incorporam ao nosso mundo, começamos a fazer mais adaptações para o seu funcionamento. Aprendemos a atravessar a rua com cuidado para não sermos atropelados, desmatamos uma floresta para dar lugar a cabos elétricos, ou dedicamos uma sala outrora reservada à conversa e à família – a sala de *estar* – à televisão. A tecnologia nos força a realizar negociações e a fazer concessões.

Sem intervenção humana, a tecnologia torna-se uma premissa aceita de nosso sistema de valores: o ponto de partida a partir do qual todo o resto deve ser deduzido. Em um mundo de textos, analfabetismo é o mesmo que estupidez, e a lei escrita pode muito bem ser a palavra de Deus. Em um mundo definido por computadores, velocidade e eficiência se tornam os valores principais. Recusar uma atualização tecnológica também pode ser uma rejeição da norma social – ou um desejo de permanecer doente, fraco e obstinadamente humano.

57.

Nós, seres humanos, não somos o problema. Somos a solução.

Para muitos dos desenvolvedores e investidores do Vale do Silício, no entanto, os seres humanos não devem ser imitados ou festejados, mas transcendidos ou – no mínimo – reprojetados. Esses especialistas em tecnologia são tão dominados pelos valores da revolução digital que veem qualquer coisa ou pessoa com prioridades diferentes como um impedimento. Essa é uma posição nitidamente anti-humana e orienta a filosofia de desenvolvimento das empresas mais capitalizadas do planeta.

Segundo essa visão, a evolução diz mais respeito à história dos dados do que à da vida. A informação tem buscado maior complexidade desde o início dos tempos. Átomos se tornaram moléculas, moléculas se tornaram proteínas, proteínas se tornaram células, organismos e, por fim, seres humanos. Cada estágio representou um salto na capacidade de armazenar e expressar informações.

Agora que nós, humanos, desenvolvemos computadores e redes, devemos aceitar o fato de que fizemos algo capaz de produzir maior complexidade do que nós mesmos. A jornada da informação para níveis mais altos de dimensionalidade deve continuar além da biologia e dos seres humanos, para o silício e os computadores. E quando isso acontecer, quando as redes digitais se tornarem o lar das estruturas mais complexas da realidade, os seres humanos só serão realmente necessários na medida em que puderem manter as luzes acesas para as máquinas. Assim que nossa descendência digital puder cuidar de si mesma, poderemos sair de cena.

Este é o verdadeiro significado de "a singularidade": é o momento em que os computadores tornam os humanos obsoletos. Nesse ponto, nós, humanos, enfrentaremos uma escolha difícil. Ou nos aprimoramos com *chips*, nanotecnologia e engenharia genética para acompanhar nossos superiores digitais – ou fazemos *upload* de nossos cérebros na rede.

Se seguirmos o caminho do aprimoramento, devemos aceitar que o que quer que signifique ser humano é, em si, um alvo em movimento. Também devemos acreditar que as empresas que nos fornecem essas atualizações serão parceiros confiáveis – que não modificariam remotamente dispositivos que instalamos em nós mesmos, nem mudariam os termos de serviço, nem criariam incompatibilidade com melhorias de outras empresas ou conceberiam a obsolescência programada. Dado o histórico das empresas de tecnologia de hoje, essa não é uma boa aposta. Além disso, uma vez que aceitamos que toda nova tecnologia tem um conjunto de valores que a acompanha, entendemos que não podemos incorporar algo a nós mesmos sem instalar também seus recursos. No ambiente atual, isso significa implantar o capitalismo extrativista baseado no crescimento em nossas correntes sanguíneas e sistemas nervosos.

Se optarmos pelo *upload*, teremos que acreditar que nossa consciência de alguma forma sobrevive à migração de nossos corpos para a rede. Este tipo de extensão de vida é uma proposta tentadora: basta criar um computador tão complexo quanto o cérebro e depois transferir nossa consciência – se pudermos identificá-la – para seu novo lar de silício. Em algum momento, o computador que hospeda nossa consciência caberá dentro de um robô, e esse robô pode até se parecer com uma pessoa, se quisermos que nossa nova vida eterna seja dessa maneira. Pode ser um tiro no escuro, mas é uma chance de continuar.

Outros esperam que, mesmo que a consciência morra com o corpo, os especialistas em tecnologia descubram como copiar quem somos e o modo como pensamos para uma IA. Depois disso, nosso clone digital poderia desenvolver uma consciência própria. Não é tão bom quanto viver, talvez, mas pelo menos há uma instância de "você" ou "eu" em algum lugar lá fora – se houvesse alguma evidência de que a consciência é um fenômeno emergente ou que é replicável em uma simulação de computador. A única maneira de chegar a esse tipo de conclusão é admitir a hipótese de que nossa própria realidade é uma simulação de computador – esta que é, também, uma visão de mundo bastante popular no Vale do Silício.

Quer façamos *upload* de nosso cérebro, quer simplesmente o substituamos por aprimoramentos digitais, uma sinapse por vez, como sabemos se os seres resultantes ainda estão vivos e conscientes? O famoso "teste de Turing" para a consciência do computador determina apenas se um computador pode nos *convencer* que é humano, mas não significa que seja realmente humano ou consciente.

O dia em que os computadores passarem no teste de Turing pode ter mais a ver com o quão ruins nós humanos nos tornamos em diferenciar eles de nós do que com o quão inteligentes eles se tornaram.

58.

As inteligências artificiais não vivem.

Elas não evoluem. Elas podem realizar iterações e podem otimizar, mas isso não é evolução. A evolução é uma mutação aleatória em um ambiente particular. A aprendizagem automática, por outro lado, é direcionada para fins específicos e pré-programados. Pode ser complicado, mas – ao contrário da evolução, do clima, dos oceanos ou da natureza – não é complexo. Sistemas complicados, como os muitos semáforos de uma cidade, direcionam a atividade de cima para baixo. Em contraste, sistemas complexos, como uma rotatória, estabelecem fluxos espontaneamente, por meio da interação de seus diversos participantes. As máquinas têm muitas peças e processos complicados, mas nenhuma complexidade de ordem superior e realista está emergindo delas.

Não importa quantos termos que soem como do campo da neurologia sejam cunhados para o que os computadores fazem, eles não estão a caminho da consciência. Aqueles que fantasiam sobre a vida de computador gostam de usar termos como "lógica difusa", como se essas técnicas de programação estivessem aproximando as máquinas de mostrar intuição humana. A lógica difusa é a capacidade de um programa de computador considerar valores diferentes de 1 ou 0 e, em seguida, expressá-los como 1 ou 0. É só isso. A lógica difusa não é difusa como a verdadeira incerteza, apenas reduz a aspereza e a complexidade da realidade a um binário simples com o qual um computador pode trabalhar.

Da mesma forma, redes neurais não são como cérebros humanos, são simplesmente camadas de nodos que aprendem a fazer coisas, alimentados com centenas ou milhares de exemplos. Em vez de dizer ao computador como é um gato, apenas o alimentamos com centenas de fotos até que ele possa determinar as características comuns e distintivas. O cérebro humano é capaz de generalizar uma categoria como "gato" depois de ver apenas um exemplo. De que maneira? Não temos certeza.

Nossa incapacidade de dizer exatamente o que significa ser um ser humano pensante e autônomo não deve ser considerada um problema. A mente humana não é computacional, assim como a própria realidade não é apenas informação. A inteligência é uma capacidade fabulosa do cérebro, e a realidade armazena imensas quantidades de dados – mas nenhum deles existe sem a consciência humana para transmiti-los. Não devemos reduzir a consciência humana ao poder de processamento bruto. Isso é semelhante a reduzir o corpo humano à capacidade de levantar peso. Nossas velocidades de cálculo não podem competir com as de um supercomputador e nunca levantaremos tanto quanto um guindaste. Mas nós humanos valemos mais do que nossa utilidade. Aprimorar uma métrica favorável ao trabalho com intervenção ou substituição tecnológica apenas deixa outros valores, provavelmente mais importantes, para trás. O mais importante deles é a própria consciência.

Pelo que sabemos, a consciência é baseada em estados quânticos totalmente não computáveis nas menores estruturas do cérebro, chamadas microtúbulos. Existem tantos bilhões desses microtúbulos, e tantos locais ativos e vibrantes em cada um, que uma máquina que aproveitasse todos os *chip* de computador já fabricados acabaria intimidada frente à complexidade de um cérebro humano.

As únicas pessoas que se comportam como se a consciência fosse simples o suficiente para ser replicada pela máquina são os desenvolvedores de computadores. Os verdadeiros neurocientistas permanecem deliciosamente confusos com a improbabilidade da autoconsciência emanar de um amontoado de neurônios. É confuso e paradoxal.

Isso não significa que logo seremos capazes de dispensar a consciência. Ela não é uma ilusão perpetrada pelo DNA no cérebro humano para compelir um instinto de sobrevivência em seus hospedeiros. Não vivemos em uma simulação; nossa consciência é real. Quando pressionados, até mesmo os físicos aceitam que a consciência tem mais direito à existência do que a realidade objetiva. A teoria quântica sustenta que a realidade objetiva pode não existir até que a observemos. Em outras palavras, o universo é um monte de possibilidades até que a consciência de alguém entre em cena e o veja de uma certa maneira. Então ele se condensa no que chamamos de realidade.

A busca pela semente da consciência é um pouco como a busca pela menor partícula cosmológica. É mais um produto de nossa ciência mecanicista do que um reflexo de como a mente funciona. Sempre que descobrimos um determinante final – como o gene –, descobrimos também que sua expressão é determinada por outra coisa. Assim que encontramos o germe que consideramos responsável por uma doença, também encontramos os fatores ambientais que permitem que ele se desenvolva, ou a deficiência imunológica responsável por sua transformação de bactéria útil em patógeno invasor. A única maneira de resolver a consciência é por meio da experiência em primeira mão e da reverência pelo mundo em que vivemos e pelas outras pessoas com quem o compartilhamos.

Nesse sentido, sabemos que a consciência existe porque sabemos como ela é. Assim como um animal ou um computador, podemos ver uma xícara de café na mesa da cozinha. Mas nós humanos também sabemos *como é* ver uma xícara de café na mesa. A escolha de olhar para aquela xícara, de prestar atenção, é exclusiva da consciência. Os computadores não podem fazer isso. Eles têm que ver tudo ao alcance. Eles não têm atenção. Não têm foco. E não têm nenhuma orientação real.

E saber como é olhar para uma xícara de café, ser capaz de considerar essa construção da mente e do eu: só os humanos podem fazer isso. Isso porque estamos vivos, e os computadores, não.

DO PARADOXO AO DESLUMBRAMENTO

59.

Você já presenciou aquele momento em que um cachorro vê algo que não entende muito bem? Quando ele inclina a cabeça um pouco para um lado, como se ver o fenômeno desconcertante de outro ângulo pudesse ajudar? Esse estado de confusão, esse *hã?*, pode ser um problema para o cachorro, mas é muito bonitinho para nós. Isso porque, para as pessoas, um estado de confusão momentânea oferece não apenas frustração, mas também uma abertura.

A Equipe Humana tem a capacidade de tolerar e até aderir à ambiguidade. As coisas que tornam nosso pensamento e comportamento confusos ou anômalos são nossa maior força e nossa maior defesa contra a certeza mortífera da lógica da máquina.

Sim, estamos vivendo na era digital, em que as respostas definitivas ficam prontas com um clique. Cada pergunta parece ter sua resposta, bastando para isso uma pesquisa na *web*. Mas erramos ao imitar a certeza de nossos computadores. Eles são definitivos porque têm que ser. O trabalho deles é resolver questões, transformar insumos em respostas, escolher entre 1 ou 0. Mesmo em resoluções extraordinárias, o computador deve decidir se um pixel está aqui ou ali, se uma cor é este ou aquele azul, se uma nota é desta ou daquela frequência. Não existe estado intermediário. Nenhuma ambiguidade é permitida.

É precisamente essa ambiguidade – e a capacidade de compreendê-la – que caracteriza a experiência humana coletiva. Deus existe? Temos um propósito inato? O amor é real? Estas não são perguntas simples de sim ou não. Elas são questões de sim *e* não – como as fitas de Mobius ou os Koans budistas que só podem ser encarados a partir de múltiplas perspectivas e sensibilidades. Temos dois hemisférios cerebrais, afinal. São necessários ambos para criar a imagem conceitual multidimensional que compreendemos como realidade.

Além disso, o cérebro não capta e armazena informações como um computador. Não é um disco rígido. Não há correspondência direta entre as nossas experiências e os pontos de dados no cérebro. A percepção não é receptiva, e sim ativa. É por isso que podemos ter experiências e lembranças de coisas que não aconteceram "realmente". Nossos olhos captam fragmentos bidimensionais, e o cérebro os processa como imagens 3D. Além disso, pegamos conceitos abstratos e os reunimos em uma coisa ou situação percebida. Nós não vemos o "caminhão de bombeiros", mas reunimos detalhes relacionados e então fabricamos um caminhão de bombeiros. E se estivermos concentrados no caminhão de bombeiros, podemos nem notar o gorila dirigindo.

Nossa capacidade de ser consciente – de ter aquela sensação de como é ver alguma coisa – depende da consciência de nossa participação na percepção. Percebemo-nos juntando todas as peças, e são os aspectos em aberto de nossa experiência que nos mantêm conscientes da participação que temos na interpretação delas. Esses momentos confusos nos fornecem oportunidades para experimentar nossa cumplicidade na criação da realidade.

É também o que nos permite fazer todas aquelas coisas que os computadores não foram capazes de aprender: como enfrentar o paradoxo, lidar com a ironia ou até mesmo interpretar uma piada. Fazer qualquer uma dessas coisas depende do que os neurocientistas chamam de teoria da relevância. Não pensamos e nos comunicamos por meio de partes inteiras, mas inferimos coisas com base no contexto. Recebemos fragmentos de informação uns dos outros e então usamos o que sabemos sobre o mundo para recriar, nós mesmos, toda a mensagem. É assim que uma piada chega à sua cabeça: é preciso "montá-la" um pouco. Esse momento de "sacar" – de juntar todas as peças – é o prazer da recepção ativa. Rá! e Arrá! são parentes muito próximos.

Os computadores não podem fazer isso. Eles podem reconhecer se uma mensagem em uma rede social é sarcástica ou não – sim ou não –, mas não conseguem apreciar o contraste dinâmico entre palavra e significado. Os computadores funcionam de maneira mais próxima a dos cérebros primitivos de répteis. Eles se exercitam com o primeiro plano, os objetos em movimento rápido e as percepções de superfície. *Ali está uma mosca; coma-a.* O cérebro humano, com seus lobos adicionais, também pode refletir sobre contextos espaciais, temporais e lógicos mais amplos de qualquer evento particular. *Como aquela mosca entrou na sala se as janelas estavam fechadas?*

Os seres humanos podem relacionar a figura com o fundo. Podemos nos agarrar a ambos e experimentar a diferença ou tensão potencial entre eles. *A mosca não devia estar aqui.* Como a mudança de foco da cena de um filme, podemos comparar e contrastar o objeto com seu contexto. Podemos ponderar a relação da parte com o todo, do individual com o coletivo e do humano com o conjunto.

60.

A arte, em seu melhor, explora os paradoxos que tornam humanos os seres humanos. Ela enobrece nossa capacidade de compreender a ambiguidade e de considerar esse estado contínuo e não resolvido como prazeroso ou, pelo menos, significativo.

O entretenimento comercial, ao contrário, tem o propósito oposto. A palavra *entreter* – do latim, para "manter dentro" – significa literalmente "manter" ou "continuar em uma determinada condição". Seu objetivo é legitimar os valores do *status quo* pelos quais já vivemos, reforçar o consumismo e, acima de tudo, assegurar-nos de que existe certeza neste mundo. Não apenas descobrimos quem foi o culpado, mas também ouvimos uma história na qual há respostas definitivas para grandes questões, vilões para culpar quando as coisas dão errado e, ainda, o jeito certo de fazer justiça. Esses enredos retratam um personagem de que gostamos (geralmente um homem jovem), colocam-no em perigo, aumentam as expectativas até que não aguentemos mais e, em seguida, fazem surgir a solução de que ele precisa para derrotar seu inimigo e triunfar, momento em que todos podemos dar um suspiro de alívio. É o arco estereotipado da excitação masculina: crise, clímax e sono.

Esse arco de tensão e liberação, ou complicação e cura, dominou nossa cultura e definiu não apenas nosso entretenimento, mas também nossos negócios, religiões e jornadas de vida. Os empreendedores não querem criar uma empresa que tenha sucesso por se sustentar; querem um "gol de placa" para que possam vendê--lo para outra pessoa. Os fiéis se voltam para a religião mais para garantir a própria salvação ou assegurar a própria virtude do que para explorar seu relacionamento com a criação ou a ética. Levamos a vida como um jogo de tabuleiro com vencedores e perdedores, no qual "acabamos" em uma determinada carreira, casamento e classe socioeconômica.

Fomos treinados para esperar uma resposta para cada pergunta e um fim para cada começo. Buscamos o encerramento e a resolução, ficando impacientes ou até desanimados quando não há uma resposta fácil à vista. Isso alimenta o capitalismo e o consumismo, que dependem de as pessoas acreditarem que, para a própria realização, basta uma vitória no mercado de ações ou a compra de um produto. É ótimo para motivar uma nação a, digamos, colocar um homem na lua antes do final da década ou entrar em guerra contra outro país.

Isso, no entanto, não nos serve quando tentamos lidar com problemas crônicos de longo prazo. Não há solução fácil para a mudança climática, a crise dos refugiados ou o terrorismo. Como saber quando terminamos? Não há bandeira a ser fincada, nem termos de rendição. Motivar uma sociedade a enfrentar desafios abertos requer uma abordagem mais aberta – uma que dependa menos de nosso impulso em direção ao clímax e mais de nossa capacidade para lidar com situações não resolvidas. Como a vida.

Ela requer pessoas vivas.

61.

A arte e a cultura pró-humanas questionam o valor das narrativas fabricadas. Elas produzem histórias abertas, sem vencedores claros nem conflitos bem definidos. Todos estão certos; todos estão errados. As obras não respondem a perguntas; elas criam essas perguntas.

São as "peças-problema" de Shakespeare, que desafiam a fácil análise do enredo, já que os personagens tomam ações aparentemente sem um motivo específico. São as pinturas abstratas de Kandinsky ou Delaunay, que se distanciam das referências visuais do mundo real. Essas imagens podem representar figuras, mas apenas *por assim dizer*. A mente humana observadora é o verdadeiro sujeito da ação, pois tenta e não consegue identificar objetos que correspondam perfeitamente às imagens. E esse processo em si reflete a maneira como o cérebro humano identifica as coisas no mundo "real" ao perceber e reunir detalhes fragmentados. Em vez de nos oferecer uma representação clara – isto é uma maçã! –, a arte amplia o processo de ver e identificar, para que possamos nos deleitar com o estranho fenômeno da percepção humana.

Experimentamos os mesmos tipos de desafios assistindo aos filmes e às séries de TV de David Lynch, em que a câmera pode mostrar um personagem apenas varrendo o chão ou fumando um cigarro por cinco minutos ou mais. Lynch está nos treinando para deixar de lado as expectativas convencionais da história, para que possamos aprender a observar outra coisa – o comportamento dos seres humanos nas cenas, a atividade que surge do tédio e o relacionamento dos personagens com seus mundos. Ele está intencionalmente negando ao seu público o envolvimento que vem com a tensão e a liberação, ou mesmo apenas com o enredo. As várias conspirações em suas histórias nem fazem sentido. Isso porque não deveríamos estar olhando lá.

Como diz a romancista Zadie Smith, o trabalho do escritor não é "contar como alguém se sentiu sobre algo, é nos dizer como o mundo funciona". Essa arte não se concentra mais no protagonista e em sua jornada heroica, e sim na relação das figuras com o fundo. Ao permitir isso, ela ativa e afirma a capacidade exclusivamente humana de experimentar o contexto e criar significado.

É claro que o trabalho de cineastas, artistas e romancistas que criam dessa maneira é enfaticamente contracultural – pelo menos porque questiona as narrativas tradicionais e os valores heroicos e individualistas. Qualquer arte que peça a seus espectadores que desacelerem ou, pior, que parem e reflitam, está prejudicando um mercado que depende de comportamentos automáticos e acelerados. As escolas de cinema não ensinam o antienredo, os estúdios não o produzem (conscientemente) e o público geralmente não o recompensa. Essas características costumam ser usadas como justificativa de sua inferioridade e irrelevância. Se esse material fosse realmente mais humano e profundamente recompensador em algum nível, não deveria se sair melhor nas bilheterias?

O trabalho comercial com um personagem central, tensão crescente e uma resolução satisfatória é bem-sucedido porque joga com os temores que sentimos por causa da incerteza, do tédio e da ambiguidade – medos gerados pelos valores de mercado que orientam nossa sociedade em primeiro lugar. Além disso, vivemos em um mundo onde a incerteza é igualada à ansiedade, e não à vida. Nós ansiamos pelo encerramento. É por isso que as pessoas hoje estão mais propensas a comprar ingressos para um *blockbuster* com um "*the end*" explícito do que para um filme de arte anticlimático e instigante. Fomos treinados para temer e rejeitar a possibilidade de que a realidade seja uma atividade participativa, aberta à nossa intervenção.

62.

A ascensão da mídia digital e dos *videogames* incentivou os criadores de entretenimento comercial a imitar algumas das qualidades de peças pós-narrativas, mas sem realmente sujeitar seu público a qualquer ambiguidade real.

Filmes e programas de televisão reconhecidos, por exemplo, brincam com a linha do tempo como forma de introduzir alguma confusão temporária em suas histórias. A princípio, não somos informados de que estamos assistindo a uma sequência fora de ordem ou em várias linhas temporais. É simplesmente intrigante. Os fãs de séries em exibição acessam a internet para ler recapitulações e testar teorias uns com os outros sobre o que "realmente" está acontecendo. Mas no final da série descobrimos a solução. Existe uma linha do tempo válida dentro de uma realidade indiscutível; nós apenas tivemos que juntar os pedaços. Depois de reunir as peças do quebra-cabeça, o *show* acaba de verdade.

Em um aceno para o modelo de assinatura de consumo – em que alugamos carros ou pagamos mensalmente por um serviço de música –, as narrativas de séries de TV de prestígio esticam seus clímax ao longo de vários anos, em vez de construir um único estouro cinematográfico no final. Para isso, no entanto, é preciso estimular o público e a base de fãs *on-line* com quebra-cabeças e *"spoilers"*. A cada poucas semanas, algum elemento anteriormente ambíguo da história é resolvido: o protagonista e o antagonista são duas partes da dupla personalidade de um único personagem, por exemplo, as experiências dos robôs ocorreram há uma década, aqueles membros da tripulação são na verdade androides e assim por diante.

Os *spoilers*, como o próprio nome indica, devem ser evitados, para não estragar toda a experiência de outra pessoa. Atuam como minas terrestres de propriedade intelectual que são inúteis depois de detonadas. Somos obrigados a manter o segredo e manter o valor da "propriedade intelectual" para os demais. O superfã de entretenimento comercial é recompensado por acessar todos os *sites* e fóruns relacionados e ler todos os romances oficiais. Superfãs sabem todas as respostas porque compraram todos os produtos da franquia. Como um daqueles jogos de cartas em que você fica comprando pacotes novos e caros para reunir uma poderosa equipe de monstros, tudo o que é preciso para dominar um programa de TV é esforço e dinheiro.

Uma vez que todos os *spoilers* foram revelados, o superfã pode assistir novamente aos episódios anteriores com o conhecimento do que "realmente" estava acontecendo o tempo todo. Chega da maldita ambiguidade. O espectador consegue vivenciar a história novamente, mas com total conhecimento e total controle – como se a onisciência fosse o estado de espírito desejado, e não uma negação total do que torna os humanos conscientes em primeiro lugar.

As "pontas soltas" de um programa são suas falhas. Elas impedem o superfã de manter uma teoria coerente de tudo. Não são consideradas trilhas agradáveis para novos mistérios, e sim como buracos na trama, erros de continuidade ou descuidos dos criadores. No entretenimento comercial, em que o propósito é sempre dar ao público aquilo pelo que ele pagou, a submissão ao narrador deve ser recompensada com resolução absoluta. Esse mesmo desejo está levando esse tipo de entretenimento a taxas de quadros e contagens de *pixels* cada vez mais altas – como se ver a imagem mais clara e maior fosse sempre melhor. Não compreendemos o sentido do que vemos; o sentido é fabricado para nós. É para isso que estamos pagando.

Pontas soltas ameaçam desvendar não apenas as ficções que sustentam um formato hollywoodiano obsoleto, mas também aquelas que sustentam uma ordem social obsoleta: uma cultura aspiracional em que a compra de produtos, a promoção no emprego, o cônjuge-troféu e o acúmulo de capital são os únicos prêmios que importam.

Pontas soltas promovem a distinção entre a arte e o comércio. A melhor e mais humanizadora arte não depende de *spoilers*. Qual é o *"spoiler"* em uma pintura de Picasso ou um romance de James Joyce? O impacto de um filme de arte cuja estrutura é clássica, como *Cidadão Kane*, não fica comprometido, mesmo que saibamos o final surpresa. Essas obras-primas não nos recompensam com respostas, e sim com novos tipos de perguntas. Quaisquer que sejam as respostas, elas são criadas pelo público, provisoriamente e de forma colaborativa, por meio da interpretação ativa da obra.

A arte nos faz pensar de maneiras novas, levando-nos a considerar novas abordagens e possibilidades. Induz estados de espírito que muitas vezes são estranhos e desconfortáveis. Em vez de nos adormecer, a arte nos desperta e nos convida a experimentar algo do ser humano que corre o risco de ser esquecido. O ingrediente que falta não pode ser declarado diretamente, observado imediatamente ou processado por algoritmo, mas está lá – no exato momento antes de ser nomeado, representado ou resolvido.

Ele está vivo, é paradoxal e é um domínio exclusivo da Equipe Humana.

63.

Enquanto os humanos são atraídos e empoderados pelo paradoxo, nossas tecnologias e entretenimento voltados para o mercado parecem estar fixados na criação de simulações perfeitas.

Podemos identificar o ano em que filmes ou *videogames* foram lançados com base na qualidade de seus gráficos: o ano em que descobriram o vapor, o ano em que aprenderam a refletir a luz ou o ano em que fizeram o pelo de um animal ondular ao vento. O progresso do robô é medido de forma semelhante pelos marcos da fala, da possibilidade de segurar objetos, de olhar em nossos olhos ou de usar pele artificial. Cada melhoria tenta chegar à simulação final: um filme, uma experiência de realidade virtual ou um robô com fidelidade tão alta que será indistinguível da vida real.

É uma missão que, felizmente, nunca será alcançada. Quanto melhores forem as simulações digitais, com mais acerto nós, humanos, conseguiremos distingui-las do mundo real. Disputamos uma corrida contra as empresas de tecnologia para desenvolver nosso aparato perceptivo mais rapidamente do que elas podem desenvolver suas simulações.

A coisa mais difícil para os animadores e roboticistas simularem é um ser humano vivo. Quando uma figura artificial chega muito perto da realidade – não tão perto de nos enganar completamente, mas perto o suficiente para que não possamos dizer exatamente o que está errado – é quando caímos em um estado de desconforto conhecido como "vale da estranheza". Os roboticistas notaram o efeito no início dos anos 1970, mas os cineastas não perceberam o problema até o final dos anos 1980, quando o curta-metragem de um bebê humano animado por computador gerou desconforto e raiva no público de teste. É por isso que os cineastas fazem tantos filmes de animação digital sobre brinquedos, robôs e carros – são objetos mais fáceis de renderizar de forma convincente, porque não acionam as mesmas inquietações mentais.

Sentimos vertigem no vale da estranheza porque passamos centenas de milhares de anos ajustando nosso sistema nervoso para ler e responder aos sinais mais sutis em rostos reais. Percebemos quando os olhos de alguém se estreitam em um sorriso, ou como seu rosto cora das bochechas à testa, e também – pelo menos inconscientemente – notamos a ausência desses barômetros orgânicos. As simulações nos fazem sentir como se estivéssemos nos comunicando com um ser não vivo, e isso é assustador.

Também confrontamos esse mesmo senso de inautenticidade no mundo real. É a sensação que temos ao passar por falsas propriedades pastoris nos subúrbios, enfeitadas por pilares coloniais e argolas de amarrar cavalos nos portões. Ou a estranha verossimilhança da silhueta de prédios de Las Vegas e da Main Street da Disney World. É também a sensação de tentar se conectar com um vendedor que se apega demais ao seu roteiro.

Em nossa cultura de consumo, somos incentivados a assumir papéis que não refletem de verdade quem somos. De certa forma, essa cultura é seu próprio tipo de simulação, que exige que façamos cada vez mais compras para manter a integridade da ilusão. Não estamos fazendo isso por diversão, como experimentar uma fantasia, mas para valer, como escolhas de estilo de vida supostamente feitas por nós mesmos. Em vez de nos comunicarmos uns com os outros por meio de nossos corpos, expressões ou palavras, fazemos isso por meio de nossas compras, das fachadas de nossas casas ou dos números em nossas contas bancárias. Esses produtos e marcadores sociais equivalem a avatares pré-virtuais, mais adequados para mundos de jogos do que para a vida real.

Acima de tudo, o vale da estranheza é a sensação de alienação que podemos ter de nós mesmos. Que personagem decidimos interpretar em nossas vidas? Essa experiência de ter sido escalado para o papel errado, ou para a peça de teatro inteira errada, é o nosso detector de papo-furado altamente evoluído tentando nos alertar de que algo não está certo – que há uma lacuna entre a realidade e a ilusão que estamos sustentando. É uma armação – nossas sensibilidades mais profundas estão nos dizendo isso. Não acredite. Pode ser uma armadilha. E, embora não sejamos neandertais sendo falsamente bem recebidos no campo inimigo antes de sermos derrotados, ainda assim somos objetos de um ardil elaborado – um ardil que a evolução não poderia prever.

Nossa inquietação com simulações – sejam elas de realidade virtual, sejam *shopping* centers ou papéis sociais – não é algo a ser ignorado, reprimido ou medicado, e sim algo que deve ser sentido e expressado. Essas situações parecem irreais e desconfortáveis por boas razões. A importância de distinguir entre valores humanos e falsos ídolos está no cerne da maioria das religiões e é o ponto de partida para a justiça social.

O vale da estranheza é nosso aliado.

64.

A maneira mais fácil de se livrar da simulação é reconhecer a charada e parar de seguir as regras do jogo.

Não, trapacear não conta. O comércio ilegal de informações privilegiadas e de drogas para melhorar o desempenho simplesmente provam até onde as pessoas estão dispostas a ir para vencer. Na verdade, trapacear reforça os riscos e a realidade do jogo.

Transcender completamente o jogo significa tornar-se um estraga-prazeres – alguém que se recusa a reconhecer o campo de jogo, as regras de combate ou o valor da vitória. (Por que vencer, afinal, se isso só vai acabar com o jogo?) Em certas culturas não ocidentais, o desmancha-prazeres é o xamã, que vive separado da tribo para ver os padrões e conexões mais amplos. Em um mundo onde o sucesso de uma pessoa é medido por realizações na carreira, o estraga-prazeres é aquele que está disposto a sacrificar a recompensa comercial pelo bem social. Em uma escola de ensino médio onde as curtidas nas mídias sociais são a métrica da popularidade, o estraga-prazeres é o garoto que deleta o aplicativo ou opta por não ter um telefone. Este perfil toma atitudes que não fazem sentido dentro da lógica do jogo.

Esse comportamento anômalo desafia as convenções, quebra a conspiração da conformidade e atrapalha os algoritmos. AIs e outros agentes do controle social não podem entender o que não podem categorizar. Estranheza é poder, é acabar com falsos binários e comemorar todo o espectro de possibilidades. A excentricidade abre a zona cinzenta onde se desenvolvem as mutações e nascem as inovações.

Podemos afirmar nosso lado exclusivamente humano por meio de coisas como humor e brincadeiras, música e magia – nada disso pode ser apreciado ou mesmo compreendido por máquinas ou mercados. A comédia exige que nos identifiquemos com outra pessoa e reconheçamos nossa situação na dela. A música se comunica por meio da estética, enquanto a arte desafia nosso senso de identidade e nosso relacionamento com o mundo exterior. A magia do palco confunde nosso senso de lógica, contrastando a maneira como as coisas aparecem com a maneira como sabemos que deveriam ser, enquanto a magia espiritual explora a relação aparentemente impossível entre nossa vontade e o funcionamento do universo.

A estranheza quebra fronteiras, obrigando-nos a ver a nossa cumplicidade na criação da realidade: libertamo-nos do programa imposto e experimentamos alternativas. Nenhum de nossos modelos é confiável, mas esse é o ponto principal. Cada um de nós vive dentro dos limites de nossos próprios túneis de realidade, vendo imagens muito limitadas do mundo real. É isso que temos em comum. A melhor maneira de compreender a imagem é trazer mais pessoas e perspectivas para o jogo.

É por isso que, acima de tudo, ser um estraga-prazeres é uma marca social. É uma forma de convocar os outros que se desconectaram de sua programação e estão em busca de resgatar a própria humanidade.

O estranho pode ser o que nos distingue, mas cuidado: comportamentos não convencionais são rapidamente identificados, copiados e depois vendidos de volta para nós como identidades mercantilizadas. É por isso que ser verdadeiramente anômalo tem que significar mais do que a adoção de um estilo particular ou rótulo limítrofe. Trata-se de encontrar pessoas com quem se conectar mais profundamente e reconhecer que as pistas que usamos para identificar uns aos outros são apenas meios para esse fim maior.

65.

Depois de dar uma palestra em Berkeley, um psicólogo da contracultura dos anos 1960 respondeu a perguntas da plateia. Uma jovem levantou-se para explicar que compreendia a profunda conexão entre as pessoas e nossa responsabilidade coletiva pelo mundo, mas não sabia o que fazer a partir dessa compreensão. O psicólogo respondeu: "Encontre os outros".

Encontre os outros. Restaure as conexões sociais que nos tornam seres humanos em pleno funcionamento e oponha-se a todas as convenções, instituições, tecnologias e mentalidades que nos separam. Desafiar os métodos explícitos de separação é algo direto: rejeitar o discurso de ódio dos racistas, a economia de soma zero da opressão, e o belicismo de tiranos e falcões neoliberais. Nossos obstáculos internalizados à conexão, no entanto, estão mais integrados e são mais perniciosos. E todos eles tendem a ter algo a ver com vergonha.

Por exemplo, somos treinados desde cedo a não falar com outras pessoas sobre dinheiro. Nossos salários e economias são considerados tão particulares quanto nossos prontuários médicos. Por quê? Esse hábito tem suas raízes na ascensão de ex-camponeses. Quando a aristocracia percebeu que não poderia mais se manter à frente da classe média ascendente, buscou métodos não monetários para indicar seu *status*, como a nobreza de nascimento. Incapazes de acompanhar os estilos burgueses de vestir ou decorar a casa, os aristocratas buscavam uma estética menos ornamentada. Em uma reversão de séculos de vida de ostentação, tornou-se elegante esconder a própria riqueza, em vez de exibi-la.

Hoje, ainda é considerado rude perguntar a uma pessoa quanto dinheiro ganha. Em certas situações, ficamos constrangidos se ganhamos pouco e, em outras, ficamos envergonhados se ganhamos muito. Mas toda a convenção social de esconder a própria riqueza – ou a falta dela – tem mais a ver com proteger o controle de nossos superiores do que com proteger os sentimentos uns dos outros.

O chefe lhe concede um aumento de salário, contanto que você não conte a ninguém, pois, se você fizer isso, todos os outros pedirao a mesma coisa. Se você mantiver o segredo, estará em conluio com a gerência, submetendo-se à mesma dinâmica de uma criança violentada que recebe doces para ficar quieta. O suborno é um vínculo baseado na vergonha, e o vínculo só é rompido quando a vítima encontra outras pessoas em quem confiar – geralmente pessoas que sofreram o mesmo abuso. O verdadeiro poder vem quando elas ficam prontas para dizer isso em voz alta, como um movimento de pessoas que se opõem ao abuso em questão.

Da mesma forma, o poder dos sindicatos não é apenas a negociação coletiva, mas a sensibilidade coletiva que a sindicalização gera. A comunicação cruzada entre os trabalhadores interrompe os esforços da gerência para fazê-los competir uns com os outros pelas sobras. É por isso que aplicativos de transporte e plataformas de *delivery* não têm recursos que permitam aos trabalhadores conversar uns com os outros sobre suas experiências. A comunicação cruzada gera solidariedade, e solidariedade gera descontentamento.

Religiões, cultos, governos e plataformas de mídia social usam as mesmas táticas para controlar seus membros: aprender os segredos, tendências sexuais ou problemas de identidade de um indivíduo e, em seguida, ameaçar usar essas informações contra ele. É o medo das estrelas de cinema de serem expostas que as mantém em dívida por muito mais tempo com os cultos de que participaram do que ficariam se a situação fosse diferente. Alguns cultos usam detectores de mentiras para descobrir os segredos mais pessoais e vergonhosos de seus alvos. Essas tecnologias, no entanto, são apenas versões atualizadas dos confessionários usados pelas igrejas para chantagear seus paroquianos ricos, ou para envergonhar os pobres, em conluio com seus exploradores.

A feliz explosão de novos gêneros, identidades raciais e interseções de deficiência desafia a programação social projetada para estigmatizar a diferença e prejudicar aqueles que podem ser rotulados de estranhos.

A vergonha tem uma função social. Envergonhar aqueles que se desviam da norma ajuda a galvanizar a unidade entre o grupo e a impor o cumprimento das regras. Casas de fraternidade envergonham os novos recrutas com travessuras machistas, assim como hipócritas piedosos envergonham seus seguidores, para que obedeçam. Em mãos mais civilizadas, as mesmas táticas de vergonha podem ser usadas pelas escolas para estigmatizar o *bullying* ou por ambientalistas para punir os poluidores. O problema é que pessoas e instituições que se comportam de forma destrutiva não são tão vulneráveis à vergonha. Os valentões se orgulham de suas conquistas, e as corporações não sentem emoções.

O estigma social só machuca verdadeiramente os humanos que estão sendo humanos. É uma forma contraproducente de unir as pessoas. Equipes humanas devem se basear em esperanças, necessidades, pontos fortes e vulnerabilidades comuns. Não conseguimos isso reforçando a vergonha, e sim adotando a franqueza.

A internet, com sua transparência às vezes forçada, cria possibilidades para a dissolução da vergonha e para novos laços de solidariedade por meio de fronteiras antes impenetráveis. Não é por acaso que uma cultura digital com vigilância imposta e exposição inevitável também trouxe o casamento *gay* e a legalização da maconha.

As coisas que as pessoas fazem se tornam normais quando não podem ser fonte de silenciosa vergonha para aqueles que as fazem.

66.

Uma vez que vencemos a vergonha, somos liberados para experimentar a loucura completa, sagrada e improvável de ser humano. Ficamos confiantes o suficiente para abandonar a segurança da simulação de computador privada e pular no caos úmido da intimidade social. Em vez de nos maravilharmos com o nível de detalhe de um mundo de realidade virtual ou com o realismo da expressão facial de um robô, abrimos nossos sentidos ao sabor da brisa ou ao toque de alguém que amamos.

Trocamos a vertigem do vale da estranheza pela alegria do deslumbramento.

O estado de deslumbramento pode ser o auge da experiência humana. É o que está além do paradoxo. Se o trabalho único dos humanos na natureza é ser consciente, existe coisa mais humana do que impressionar nossa mente observadora? Contemplar a vista panorâmica do topo de uma montanha, testemunhar o nascimento de uma criança, contemplar o céu estrelado ou ficar com milhares de outras pessoas em uma marcha ou comemoração, tudo isso dissolve o senso de identidade como algo separado e distinto. Percebemos a nós mesmos a partir de duas perspectivas, como o olho observador e como o todo do qual fazemos parte. É um conceito impossível, mas uma experiência inegável de poder e passividade, consciência e aceitação.

Dizem os psicólogos que a experiência do deslumbramento pode neutralizar o foco em si mesmo, o estresse, a apatia e o distanciamento. O deslumbramento ajuda as pessoas a agirem com maior senso de significado e propósito, desviando a atenção de si mesmas e voltando-se para o interesse coletivo. O deslumbramento ainda regula a resposta da citocina e reduz a inflamação. Novos experimentos revelaram que, após alguns momentos de deslumbramento, as pessoas se comportam com mais altruísmo, senso de cooperação e autossacrifício. A evidência sugere que o deslumbramento faz com que as pessoas se sintam parte de algo maior do que elas mesmas, o que, por sua vez, as torna menos narcisistas e mais sintonizadas com as necessidades das pessoas ao seu redor.

Infelizmente, na sociedade moderna, as oportunidades de nos sentirmos deslumbrados estão se tornando cada vez mais escassas. As pessoas passam menos tempo acampando ou na natureza, o céu noturno é poluído com luzes diversas e a participação nas artes e na cultura é baixa. As aulas de arte e ao ar livre nas escolas públicas foram abandonadas em favor daquelas que preparam os alunos para os testes padronizados pelos quais as escolas são julgadas. Não há métricas fáceis para o deslumbramento.

Como qualquer estado extremo de ser, o deslumbramento também pode ser explorado. Os filmes usam efeitos especiais e cenas de espetáculos gigantes para aumentar nosso deslumbramento em momentos específicos de um arco da história. Os ditadores realizam grandes comícios para animar seus seguidores, evitando qualquer debate fundamentado. Até mesmo os *shoppings* tentam gerar uma sensação de admiração com tetos altos e fontes gigantes. Por um momento, o deslumbramento domina os sentidos e limpa a mente, tornando-a mais aberta a novas informações. Isso ajuda a pessoa a absorver novas informações, mas também a torna mais vulnerável à manipulação. E, uma vez alvos de alguém que sabe manipular esse processo de deslumbramento, ficamos duas vezes mais tímidos para nos abrirmos a essa sensação novamente. Ficamos cansados e nos tornamos cínicos, como defesa contra o encantamento.

Ainda assim, só porque esse sentimento pode ser explorado não significa que devemos desistir de seu potencial humanizador. Há uma diferença entre o verdadeiro deslumbramento e a empolgação manipulada – entre, por exemplo, olhar para a extensão do Grand Canyon e ficar no meio de um mar de devotos em um comício nacionalista. A marca do deslumbramento pré-fabricado não unifica; ela nos divide em consumidores ou seguidores individuais. Tornamo-nos fragmentados, cada um imaginando nosso próprio relacionamento com o Querido Líder. O verdadeiro deslumbramento vem sem segundas intenções. Ele não é direcionado a algum fim, plano ou pessoa; não há limite de tempo ou inimigo para derrotar. Não há "outro".

O verdadeiro deslumbramento é atemporal, ilimitado e não tem divisão. Sugere que existe um todo unificador ao qual todos nós pertencemos – se ao menos pudéssemos nos apegar a essa percepção.

ESPIRITUALIDADE E ÉTICA

67.

A modernidade não é lá muito propensa ao deslumbramento. Estamos tão desconectados dos ciclos mais amplos de dia e noite, luas e estações do ano que para nós se torna desafiador testemunharmos ou nos identificarmos com a inspiradora renovação que ocorre ao nosso redor. A espiritualidade já não é um estado do ser, e sim um outro objetivo a ser alcançado no futuro

Ao contrário do que acontece hoje, a maior parte da experiência da humanidade foi dedicada a compreender o tempo de modo circular. Apenas recentemente adotamos uma abordagem mais histórica do tempo e, de modo correspondente, uma maneira mais agressiva de manifestar nosso destino espiritual. Essa é a principal diferença entre os sistemas espirituais com os quais os humanos viveram por muitos milênios e as novas religiões que alimentaram o colonialismo nos últimos 12 séculos.

Se compreendemos o tempo de forma cíclica, nunca será possível externalizar ou evitar as consequências das ações de uma pessoa. Todos reencarnam, então, se você fizer algo ruim para outra pessoa, um dia terá de reencontrá-la. Se você agredir o mundo natural, é nele que você renascerá. O tempo e a história não existem, e o indivíduo vive no constante presente. Como resultado, tudo e todos são interdependentes e emanam da mesma fonte compartilhada de vida.

A invenção da escrita deu às pessoas a capacidade de registrar o passado e fazer promessas para o futuro. Nasceu o tempo histórico, que marcou o fim da espiritualidade de um presente eterno e o início da religião linear e do monoteísmo. Antes da noção de passado e futuro, era difícil explicar como poderia existir um deus único e todo-poderoso se ainda havia tantos problemas na Criação. Se somarmos a isso a história, então era possível justificar as imperfeições do mundo por ser um trabalho inacabado. Deus era perfeito, mas seu plano para o mundo ainda estava incompleto. Algum dia no futuro chegaria a era messiânica, quando a perfeição de Deus se manifestaria. Aqueles que fossem fiéis ou permanecessem do lado bom da lei de Deus se dariam bem no final. A Bíblia era a crônica da saída de um povo da escravidão, e também um contrato com Deus – uma aliança – que garantiria sua futura prosperidade se seguissem seus mandamentos.

E assim a dualidade de "antes e depois" tornou-se uma premissa central da religião. Agora tudo caminhava em uma direção. Em lugar da totalidade e possibilidade de um universo atemporal e interconectado, o mundo das escrituras tinha uma linha do tempo e um destino – pelo menos para os fiéis. O futuro era um trabalho em andamento para as pessoas e para seu Deus. Amanhã seria melhor que hoje. A reencarnação tornou-se obsoleta: bastava um messias morrer para que todos ressuscitassem. Quando ele voltar, tudo estará acabado. Esta se tornava uma história com começo, meio e fim.

Houve algumas repercussões positivas da compreensão linear do tempo. Ela provocou uma abordagem inteiramente nova da ética e do progresso. Nós, humanos, poderíamos tornar o mundo um lugar melhor e cada vez mais justo. Conforme conta a lenda bíblica, depois que os antigos israelitas escaparam da estase da escravidão, eles foram libertados para serem os autores da própria história. Moisés e seu cunhado imediatamente escreveram as leis que regeriam esse novo povo ético. A religião deixou de ser um conjunto de rituais atemporais e passou a ser um código comportamental direcionado.

Por outro lado, o foco no futuro permitiu que nossos fins justificassem quase todos os meios. Desastres desumanos como as Cruzadas, da mesma forma que as filosofias progressistas de Hegel e Marx, tudo dependia de uma visão teológica do mundo. No melhor dos casos, essas abordagens reforçam nosso compromisso com a ética e a justiça social. Porém elas também tendem a nos apartar do presente. Tornamo-nos capazes de praticar violências, agora em nome de alguma causa supostamente mais nobre e da recompensa futura.

Seguimos em frente mirando o horizonte, alheios à devastação que deixamos para trás. Desmatamos florestas de forma permanente e extraímos carvão, petróleo e água que não podem ser repostos. Tratamos o planeta e as pessoas como recursos a serem usados e depois descartados. Escravizamos seres humanos para construir tecnologias de luxo e sujeitamos pessoas em lugares distantes à poluição e à pobreza. As corporações fazem pouco caso desses efeitos colaterais devastadores, tratando-os como "externalidades" – o dano colateral de fazer negócios, que recai inteiramente sobre pessoas e lugares que não estão em suas planilhas.

Acreditar em reencarnação ou carma dificultaria agir de forma tão desumana sem ter ao menos um pouco de medo das consequências. Nada pode ser externalizado, pois tudo volta. Com a reencarnação expurgada da religião, não precisamos nos preocupar em um dia encontrar a pessoa que prejudicamos hoje. Ao manter nossa crença na intervenção divina, temos mais liberdade para destruir o mundo natural e esperar pela salvação que vem de cima.

A compreensão do tempo como algo circular é incompatível com momentos tão extraordinários e singulares como um apocalipse. Tudo simplesmente é, e sempre foi. Não existe progresso – apenas estações e ciclos. Na verdade, um princípio comum de muitas religiões pré-judaicas é que os seres humanos não são capazes de uma ação genuinamente original. Ao contrário, a atividade humana é vivenciada como uma infinita repetição de gestos arquetípicos. Qualquer ação realizada por uma pessoa – qualquer objeto criado – é significativa apenas na medida em que ressoa em uma realidade maior e transcendente. As ações adquirem significado porque reencenam o divino. Cada vez que as pessoas fazem amor, estão reencenando a união de arquétipos divinos. Cada coisa feita ou construída é apenas um eco da criatividade dos deuses.

Para aqueles de nós que estão imersos na modernidade, isso pode soar absolutamente enfadonho e sem propósito. Não há ênfase no progresso. Não há originalidade, autoria, direitos autorais e patentes. Não há direção.

Mas também é muito mais sustentável do que um fluxo unidirecional que transforma recursos naturais em produtos residuais – externalidades que deveriam ser ignoradas até o fim. Esse processo vai de encontro aos princípios regenerativos da natureza e da existência.

As pessoas costumavam acreditar em círculos. Elas passaram a acreditar em linhas.

68.

O politeísmo permitia que as pessoas incorporassem o divino e se sentissem conectadas com os desdobramentos do universo. Acreditar na reencarnação e na natureza cíclica do tempo garantia que tudo permaneceria interdependente e responsável por todo o resto.

O judaísmo substituiu a experiência corporificada do divino por um monoteísmo abstrato. No monoteísmo, você não reencena o divino, mas adora a Deus e segue suas regras. O cristianismo substituiu a circularidade da reencarnação pela linearidade da salvação. Caímos do paraíso da graça atemporal, vivemos em pecado e rezamos pela salvação.

Há prós e contras nessa mudança. Uma civilização de leis, inovação e compromisso com o progresso ainda pode ser equilibrada com reverência à natureza, aos ciclos da vida e ao momento divino. Mas, uma vez que as expectativas progressivas e lineares das religiões monoteístas se associaram com as expectativas do capitalismo, esse equilíbrio se perdeu. Ele foi substituído por um impulso absolutamente triunfalista de crescimento, expansão e extração.

Ao se depararem com a destrutividade dos colonizadores europeus, os indígenas concluíram que os invasores deviam ter alguma doença. Chamavam isso de *wettiko*: a crença delirante de que canibalizar a força vital dos outros é uma maneira lógica e moralmente correta de viver. Os povos indígenas acreditavam que o *wettiko* era resultado da incapacidade das pessoas de se verem como partes interligadas e interdependentes do ambiente natural. Ocorrida essa desconexão, a natureza já não é mais vista como algo a ser emulado, e sim a ser conquistado. As mulheres, os indígenas, a lua e as florestas são todos escuros e maus, mas podem ser subjugados pelo homem com suas instituições civilizadoras, armas e máquinas. O que o poder faz é certo, porque o poder é, em si mesmo, uma expressão do divino.

O *wettiko* não pode ser culpa somente dos europeus. Claramente, a tendência remonta pelo menos à vida sedentária, ao acúmulo de grãos e à escravização dos trabalhadores. A destruição arbitrária há muito é reconhecida como uma espécie de doença psíquica. É a doença da qual o faraó da lenda bíblica estava sofrendo – tanto que se diz que Deus "endureceu seu coração", desconectando-o de toda forma de empatia e conexão com a natureza. O faraó via os outros seres humanos como pragas a serem exterminadas e usava suas tecnologias superiores – da agricultura às carruagens – para subjugar a natureza à sua vontade divina.

Tanto o judaísmo quanto o cristianismo tentaram se proteger da ameaça do *wettiko*. Seus sacerdotes fundadores entendiam que desconectar-se da natureza e adorar a um Deus abstrato faria com que as pessoas se sentissem menos empáticas e conectadas. O judaísmo tentou compensar isso mantendo Deus fora de cena – literalmente, sem representação. Os israelitas haviam acabado de escapar dos cultos da morte do Egito e tinham desenvolvido uma abordagem aberta à religião que envolvia constante revisão por seus participantes. Até mesmo as letras dos textos sagrados foram escritas em uma caligrafia destinada a parecer tão transparente quanto uma chama. Ao contrário das arcas em torno das quais eram realizados os cultos no Egito, a arca dos israelitas não teria nenhum ídolo no topo. Os israelitas veneravam um espaço explicitamente vazio, protegido por dois querubins. A remoção dos ídolos permite que as pessoas vejam o divino umas nas outras. A lei dita ainda que as pessoas podem ler a Torá apenas com um *minyan*, um grupo de dez pares, aparentemente para garantir o caráter social do culto.

Também o cristianismo tentou resgatar a percepção de que a religião é menos importante como uma coisa em si do que como uma forma de sentir e expressar amor aos outros. A nova versão do judaísmo desviou a atenção da lei escrita, que havia ela própria se tornado um ídolo, e voltou-se novamente para o coração. O Cristo da Bíblia estava tentando impedir que a religião se tornasse a figura em vez do fundo.

Mas o crucifixo tornou-se um emblema da conquista divina, primeiro nas Cruzadas e depois – com o advento do capitalismo e do industrialismo – para que os impérios coloniais decretassem e disseminassem o *wettiko* de forma sem precedentes. E a lei, originalmente desenvolvida como forma de articular um código espiritual de ética, tornou-se uma ferramenta para os monopólios privilegiados dominarem o mundo, apoiados pelas armas da realeza. Enquanto os europeus tomavam suas vitórias coloniais como providenciais, os indígenas consideravam que os homens brancos estavam acometidos de um tipo de doença mental que leva suas vítimas a consumir muito mais do que precisam para sobreviver, que resulta em um "coração gelado", incapaz de compaixão.

Evidentemente, o vírus do *wettiko* prevaleceu, e a sociedade que resultou desse extrativismo agressivo ainda se vale da promessa de um futuro utópico para justificar a exploração arbitrária das pessoas e da natureza no presente.

69.

Muitos ocidentais entenderam os problemas inerentes a uma sociedade obcecada pelo crescimento e lutaram para afirmar um conjunto mais atemporal de sensibilidades espirituais. Entretanto, quase invariavelmente, esses esforços são soterrados por nossas noções arraigadas de crescimento pessoal, progresso e otimismo.

Frank Baum, autor de O *mágico de* Oz, incorporou essa dinâmica. Ele não era apenas um devoto seguidor da espiritualista russa

Madame Blavatsky, mas também o fundador da primeira revista sobre decoração de vitrines e estratégias de varejo para lojas de departamentos. A jornada de Dorothy pela Estrada de Tijolos Amarelos combinou a sabedoria esotérica de sua professora com o consumismo otimista dos americanos do início do século XX. Os presentes que Dorothy e seus companheiros finalmente recebem do Mágico apenas ativam os potenciais que sempre tiveram. Eles só precisavam de uma mudança de consciência, mas bons produtos e habilidade de vendas não faziam mal. Da mesma forma, o "pensamento positivo" do reverendo Norman Vincent Peale resultou de raízes ocultistas e transcendentalistas, mas só ganhou força quando ele o estruturou como um evangelho da prosperidade. Ele ensinou os pobres a usarem o poder da oração e do otimismo para alcançar uma boa vida e ajudou os ricos a justificarem sua boa sorte como uma recompensa externa pela fé interior.

Vulneráveis ao mesmo *ethos* da prosperidade pessoal, os movimentos de contracultura das décadas de 1960 e 1970 originalmente buscavam minar a religião do crescimento em que se baseava a sociedade americana. Os *hippies* rejeitavam os valores consumistas e de classe média de seus pais, enquanto os cientistas tomavam LSD e viam o Tao na física. Um novo espírito de holismo estava surgindo no Ocidente, refletido nas letras de *rock*, na disseminação dos centros de meditação e ioga e na popularidade do budismo e de outras religiões orientais. Uma nova era parecia estar chegando.

Mas todos esses sistemas espirituais estavam sendo interpretados no contexto do consumismo americano. Ervas, seminários e terapias eram distribuídos por meio de esquemas de *marketing* multinível e anunciados como soluções prontas para todos os problemas da vida. O movimento New Age enfatizava mais a consciência individual do que a saúde comunitária. Era o mesmo velho vinho da salvação pessoal, só que em garrafas de *chardonnay* da Califórnia. A agenda de justiça social dos movimentos antiguerra e dos direitos civis foi repaginada na forma de um movimento de autoajuda estritamente individualista. Eles adotaram a "hierarquia das necessidades" do psicólogo Abraham Maslow como rubrica, colocando a "autorrealização" como principal objetivo, no topo da pirâmide. Não importa que os budistas desafiassem a própria premissa de que existe um "eu". A viagem do LSD, com seu pronunciado sentido de jornada, pico e retorno, tornou-se a nova alegoria da salvação individual.

Aspirantes ricos frequentavam retiros em centros como o Esalen Institute, onde eram instruídos por nomes como Maslow, Fritz Perls, Alan Watts e outros defensores da transformação pessoal. Embora certamente valesse a pena dar uma pausa na realidade cotidiana e enfrentar os próprios demônios, a ênfase estava na transcendência: se as religiões tradicionais nos ensinavam a adorar a Deus, nessa nova espiritualidade *seríamos* como deuses. Não era exatamente um resgate do antigo holismo, da atemporalidade e reencenação divina, e sim uma afirmação da boa e velha ascensão linear, baseada em objetivos, praticada no que antigamente eram os solos sagrados dos índios Esselen.

70.

O objetivo final da transcendência pessoal era deixar para trás o corpo pecaminoso e temporário e flutuar como uma consciência livre e perfeita. Todo aquele consumo anterior era apenas combustível para o foguete, e a lamentável destruição era algo a ser deixado para trás com o resto da realidade física.

Não era uma ruptura com o capitalismo de consumo, mas a realização de seu mais alto propósito. Na década de 1970, muitos outros setores e indústrias pareciam estar se aglutinando em torno do mesmo conjunto de potenciais. Os cientistas da computação estavam pensando em inteligência artificial; os gurus da transformação pessoal estavam ajudando as pessoas a caminhar sobre brasas; fitas com áudios especiais faseados ajudavam as pessoas a viajar para fora do corpo. O novo mantra era a mente acima da matéria.

As pessoas tentavam escapar dos limites biológicos antes da meia-idade, sem falar na morte.

Como centro dessa inovação espiritual, tecnológica e cultural, a Bay Area começou a atrair a atenção global daqueles que procuravam derrubar ou escapar da ordem estabelecida. Os progressistas ricos acreditavam que poderiam aplicar as percepções adquiridas em suas jornadas espirituais pessoais ao mundo em geral. Iniciaram projetos para acabar com a fome, curar o câncer, se comunicar com animais e fazer contato com alienígenas. Sua missão mais significativa era lidar com o impasse nuclear entre os Estados Unidos e a União Soviética, promovendo uma série de reuniões entre os indivíduos mais espiritualmente despertos e politicamente conectados das duas nações.

O programa soviético-americano de diplomacia cidadã reuniu os principais guias espirituais, cientistas e psicólogos da América com os seus pares da União Soviética. O equivalente russo da espiritualidade New Age era representado pelos praticantes do cosmismo, uma forma de gnosticismo que surgiu da ênfase da tradição ortodoxa russa na imortalidade. Os cosmistas foram um grande sucesso. Sua busca por tecnologias de extensão da vida rapidamente ultrapassou a geopolítica como objetivo principal das conferências. Acreditando não apenas que os seres humanos poderiam transcender a mortalidade, mas também que poderíamos levar a fisicalidade conosco – pelo menos de alguma forma – os cosmistas convenceram os espiritualistas americanos consumidores de LSD de que a tecnologia poderia lhes proporcionar uma maneira de vencer a morte.

A ideia original dos cosmistas sustentava que era possível ressuscitar os mortos pela reorganização de seus átomos nas posições exatas em que se encontravam enquanto a pessoa estava viva. Mas os cosmistas estavam trabalhando em outras soluções, como aperfeiçoar os humanos por meio da evolução intencional, levar a consciência humana para os corpos de robôs, dominar a morte, colonizar o espaço ou fazer o *upload* de nós mesmos para computadores.

Essas foram as origens do atual movimento transumanista. Essas conferências foram experiências formativas para os executivos, investidores, professores, cientistas e especialistas em tecnologia mais influentes do Vale do Silício – alguns dos quais fundaram as maiores empresas digitais do mundo. Essa visão ainda motiva o desenvolvimento da inteligência artificial, exploração espacial privada, robótica, vigilância de dados e extensão da vida.

O transumanismo exalta e preserva uma expressão particular da humanidade e deixa para trás o resto da bagunça da criação – ou até mesmo a explora – para escapar antes que o corpo morra ou o mundo acabe.

71.

O movimento transumanista está mais para um plano de evacuação do que para uma teoria sobre o avanço da humanidade. Os tecnoutópicos gostam de ver a si mesmos como orquestradores de uma ruptura completa com a civilização – um salto para o espaço sideral, ciberespaço, consciência de máquina ou vida artificial. Suas ideias, no entanto, são apenas uma extensão do mesmo vício cego em consumo, destruição, progresso e colonização. *Ciberwettiko*.

Os colonizadores europeus ignoravam a história dos povos e lugares que invadiam em sua conquista do planeta na crença de que estavam trabalhando para algum propósito maior, para um destino ordenado. Se algumas pessoas precisaram ser exploradas ou seus ecossistemas aniquilados, bem... Não podemos fazer uma omelete sem quebrar alguns ovos. Da mesma forma, não é possível gerar consciência em um *chip* de computador sem deixar algumas pessoas para trás – ou sem escravizar alguns trabalhadores para obter os metais raros necessários.

Os singularistas não se importam em prejudicar os humanos quando necessário, porque, na verdade, a humanidade como a conhecemos não participará do admirável futuro novo. Os corpos em que vivemos poderiam bem ser florestas, campos de petróleo ou qualquer outro recurso natural que possa ser desmatado, queimado como combustível ou destruído de outra forma em nome de nossa própria imortalidade. Uma *startup* da Bay Area colhe o sangue de jovens para que executivos ricos possam transfundir vida nova para seus corpos envelhecidos – pelo menos, até que descubram como enviar suas mentes tão valiosas para a nuvem.

Quando os computadores e os robôs puderem pensar, os humanos nem serão mais necessários. Não importará tanto que tenhamos destruído o ambiente natural, já que nem os robôs nem os humanos que tiverem feito seu *upload* precisarão dele para seu sustento. Teremos levado a evolução ou a engenharia para além do corpo – ou desenvolvido uma inteligência artificial que nos torna seres humanos irrelevantes. Nesse ponto, só teremos de fazer a manutenção das máquinas – pelo menos, até que as máquinas melhorem ao ponto de fazer isso sozinhas.

Então, de acordo com os principais cientistas das maiores empresas de internet do mundo, a humanidade poderá passar a tocha para nossos sucessores na evolução e sair de cena. Os defensores da singularidade descartam as objeções humanas como arrogância, ego ou nostalgia. Os humanos são o problema: eles fazem parte do mesmo mundo natural perverso e ambíguo que as mulheres, as florestas e os nativos não civilizados. Afinal de contas, os humanos *são* nativos, e estão sujeitos a fluxos imprevisíveis de emoções, hormônios e necessidades irracionais.

Os singularistas consideram a tecnologia mais confiável do que os humanos. A vigilância não é apenas uma fonte de lucro para as mídias sociais, e sim uma forma de proteger a sociedade digital da resistência humana. O código impõe regras sem viés (a menos, é claro, que você seja o criador do código). É uma realidade *blockchain*, na qual as máquinas executam a letra da lei sem qualquer senso de espírito. Muito melhor é acelerar o desenvolvimento e alcançar a singularidade antes que acabe o tempo na biosfera habitável.

Computadores e inteligências artificiais são pura intenção, não obscurecida ou relativizada por prioridades sociais humanas ou dúvidas morais. São uma extensão direta e utilitária de nosso desejo apocalíptico de colonizar o mundo natural.

Finalmente encontramos uma maneira de infligirmos o *wettiko* a nós mesmos.

72.

Nosso vício em expandir, crescer e transcender é derivado de nossa arrogância e necessidade de controle. Confundimos colonizar uma nova região do planeta ou dominar algum aspecto da natureza com uma expressão de nosso poder criativo. Agimos como se fôssemos deuses, capazes de criar e imunes aos sistemas de valores que poderiam restringir nossa vontade. E como esse caminho é, no fim das contas, tão insatisfatório, também é viciante.

Como os iniciados em um programa de 12 passos, aqueles de nós que sofrem do *wettiko* devem recorrer a uma força superior se quiserem interromper seu comportamento destrutivo. É difícil para muitos de nós acreditar em Deus, e mais ainda que há alguma sabedoria divina ou ordem no universo. Podemos nunca aceitar a sensibilidade pré-histórica de que tudo o que fazemos apenas reencena algum gesto arquetípico de uma divindade. Porém provavelmente é necessário aceitar que os humanos são mais bem guiados quando balizados por alguns ideais universais mais elevados. Esses ideais podem ser leis de realidade preexistentes ou princípios de vida com os quais nos identificamos. Eles podem ser uma moral descoberta ou inventada pelos seres humanos com base em algum senso inato do bem. Quaisquer que sejam suas origens, precisamos desses ideais para orientar nossas escolhas.

Se não vamos seguir as ordens de um rei, um CEO ou um algoritmo, precisamos de valores unificados para que trabalhemos juntos, como uma equipe em busca de objetivos que beneficiam a todos. Mesmo essa ideia – a noção de que as coisas devem ser mutuamente benéficas – é em si um valor de ordem superior. É um pressuposto sobre o que é certo, incorporado não apenas à nossa história evolutiva, mas também à estrutura de um universo moral.

Temos um senso mais profundo de certo e errado do que é sugerido pela lógica da produtividade ou do capitalismo da Era Industrial. Esses são valores funcionais, mas não servem de base para uma ética. Eles não nos animam de maneira real, nem sugerem uma alternativa ao caminho autodestrutivo que estamos seguindo. Nos levam a dominar a natureza, o que inclui, em última análise, subjugar o natural dentro de nós. Nossas metas de felicidade e bem-estar humano tornam-se métricas dentro de um sistema industrial ou econômico – superracionalizado e desconectado do mundo natural.

Precisamos de uma Razão para o que fazemos: valores duradouros pelos quais nos esforçamos. Esses valores não são as razões pelas quais fazemos as coisas – os propósitos práticos e utilitários para nossas muitas atividades – e sim a grande Razão para agirmos de modo geral. Por exemplo, as razões para a educação são certamente importantes. Os estudantes adquirem habilidades, desenvolvem suas capacidades cognitivas e absorvem fatos. Mas qual é a Razão da educação? Aprender, e ponto final. Isso é um ideal em si.

O que importa é que, sem as Razões, estamos sujeitos a uma lógica inteiramente utilitária, que não deixa muito espaço para o ser humano ou para a natureza. É uma lógica que diz a nós, humanos, que devemos ser *razoáveis* e fazer certas concessões, em vez de nos guiarmos pela Razão e pelos princípios. É a lógica da lei do mais forte, na qual o poder utilitário supera o bem maior.

Os ideais pelos quais combatemos essa lógica não são distantes ou abstratos. Eles estão tão próximos da essência do nosso ser quanto a Paz, o Amor, a Unidade e o Respeito. Eles nem sempre podem ser justificados ou racionalizados, mas nem por isso deixam de existir. Simplesmente perdemos a capacidade de nos relacionarmos com eles.

Essa conexão inata, natural e sem esforço com os ideais rendeu-se ao mercado, ao colonialismo, à escravidão, ao extrativismo e à tecnologia, com justificativas da ciência aplicada, do utilitarismo e das relações públicas. Reduzimos as ideias a *memes* transformados em armas, e a humanidade a recursos humanos. Nos deixamos levar por nossas capacidades utilitárias e perdemos contato com as Razões primeiras para exercer essas capacidades. Foi assim que passamos a nos ver como seres separados da natureza e capazes de dobrar a própria realidade à nossa vontade, independentemente dos custos para tudo e todos pelo caminho.

É hora de reequilibrar nossas razões com a Razão, e ocupar aquele lugar estranho e exclusivamente humano: ao mesmo tempo, o de uma parte humilde da natureza, mas também o de seres conscientes e capazes de deixar o mundo melhor do que o encontramos.

CIÊNCIA DA NATUREZA

73.

É tentador declarar guerra às instituições e tecnologias que buscam refazer nosso mundo à sua própria imagem. Os ambientalistas radicais acreditam que a única maneira de a natureza se reafirmar é por meio da redução dos números da civilização humana e do retorno às condições pré-industriais. Outros pensam que é tarde demais, que já nos comprometemos com o progresso tecnológico, a engenharia genética e os mercados globais. Na opinião deles, desacelerar o progresso apenas nos impedirá de encontrar as soluções de que precisamos para resolver as crises atuais.

Nenhuma dessas abordagens funcionará. Não podemos seguir dominando a natureza por muito mais tempo, mas também não podemos nos afastar da civilização. Esta não pode ser uma guerra entre os que querem preservar a natureza e os que buscam o progresso. A Equipe Humana inclui todos.

Se respondermos à crise de forma polarizada, estaremos nos rendendo à lógica binária do ambiente das mídias digitais. Nos tornamos exatamente aquilo a que resistimos. A tecnologia pode ter criado muitos problemas, mas não é o inimigo. Nem são os mercados, os cientistas, os robôs, os algoritmos ou o apetite humano pelo progresso. Mas também não podemos ir em busca desses ideais à custa de sensibilidades mais básicas, orgânicas, conectadas, emocionais, sociais e espirituais. Em vez disso, devemos equilibrar a necessidade humana de permanecermos conectados à natureza com o desejo correspondente de influenciar a própria realidade. Não é "isto *ou* aquilo", mas "isto *e* aquilo".

Não é nem mesmo um paradoxo: podemos ter completo domínio da escolha de *não* termos completo domínio. Podemos ser integralmente humanos sem estar no controle total de nosso mundo. Podemos até ser os grandes observadores e solucionadores de problemas da natureza, mas a natureza não é um problema a ser resolvido. Devemos, então, aprender a cooperar com a natureza, do mesmo modo que precisamos aprender a trabalhar com as muitas instituições e tecnologias que desenvolvemos ao longo do último milênio. Não podemos voltar atrás; precisamos *passar* por isto.

Esta é a primeira lição que praticantes de *rafting* aprendem ao se deparar com as corredeiras. Quando o bote entra nas águas revoltas e começa a balançar, a tentação é resistir à corrente enfiando o remo na água e mantendo-o o mais imóvel possível. Outra tentação é retirar completamente o remo da água e render-se à correnteza. Porém, essas duas estratégias deixam o bote à mercê do rio. A melhor forma de agir é remar mais forte e mais rápido. Ir *com* a correnteza, fazendo os ajustes necessários para evitar pedras e outros obstáculos. Não é resistência nem passividade, mas participação ativa: trabalhar de modo combinado com o que está acontecendo para chegar inteiro ao fim do rio.

Devemos aprender a ver o caos social, político e econômico tecnologicamente acelerado que se avizinha como convite para uma participação mais proativa. Não é hora de condenar a atividade humana que nos trouxe até aqui, e sim de alimentar essa atividade com prioridades mais humanas e humanitárias. Caso contrário, a tecnologia – ou qualquer sistema que tenhamos inventado, como dinheiro, agricultura ou religião – acabará nos sobrecarregando e parecerá ter ganhado vida própria, forçando-nos a priorizar suas necessidades e seu crescimento em vez do nosso.

Não devemos nos livrar dos *smartphones*, e sim programá-los para poupar nosso tempo em vez de roubá-lo. Não devemos fechar os mercados de ações, e sim reequipá-los para distribuir capital às empresas que precisam em vez de escravizar as empresas aos caprichos de curto prazo dos investidores. Não devemos destruir nossas cidades, e sim trabalhar para torná-las mais sustentáveis económica e ambientalmente. Isso exigirá mais engenhosidade humana, não menos.

O ambientalismo às vezes dá a entender que os seres humanos são o problema. Mas não somos. O ser humano não é um câncer no planeta. Ao mesmo tempo, não podemos ignorar o fato de que somos seres obstinados, capazes de mudar o ambiente natural de acordo com nossos caprichos e com a tendência de dominar tudo o que consideramos ameaçador.

Temos de aplicar esse mesmo senso de resolução proativa de problemas às ameaças mortais que nós mesmos criamos. As mesmas medidas que podemos tomar para nos prepararmos para uma catástrofe global também podem nos tornar resilientes o suficiente para evitá-la. A produção distribuída de energia, uma gestão mais justa dos recursos e o desenvolvimento de cooperativas locais beneficiariam os sobreviventes de uma calamidade e ajudariam a reduzir o estresse que a própria calamidade poderia causar.

Não é hora de abandonar o otimismo, e sim de direcioná-lo para prioridades maiores do que dominar o mundo.

74.

Não há uma resposta única.

As abordagens atuais para o manejo da natureza são muito simplistas. Podem até ser complicadas, mas não são complexas. Têm muitas partes móveis, usam muitas tecnologias e envolvem diversos atores, mas não reconhecem a interconexão da natureza ou a possibilidade de fatores imprevistos. Uma vez que a natureza é dinâmica e está em constante fluxo, devemos fazer seu manejo com abordagens que busquem o equilíbrio em vez da extração do maior rendimento possível.

Os primeiros caçadores-coletores a plantar sementes não poderiam prever uma era em que a prática da agricultura ameaçaria a viabilidade do solo do planeta. Nem devemos culpá-los por isso. A agricultura, junto com a escrita e as cidades, lançou as bases do que hoje consideramos civilização. Mas a agricultura também reduziu a biodiversidade da dieta humana, tornando nosso suprimento de alimentos vulnerável a fungos, pragas e vermes. A agricultura nos tornou mais sedentários e mais suscetíveis a infecções. Nossos esqueletos ficaram menores e nossos rebanhos, mais doentes. Em muitos aspectos, os caçadores-coletores desfrutavam de uma vida mais saudável e sustentável do que os agricultores que os sucederam.

Como nos lembra a lenda bíblica, a agricultura criou as condições para "banquete e fome", ou excedentes e deficiências, que, por sua vez, geraram oportunidades de riqueza e controle. Para as pessoas que buscam o poder, a agricultura forneceu uma maneira fácil de centralizar os recursos necessários – precisando da invenção da escrita e da matemática.

A agricultura trouxe uma nova visão de mundo: em vez de colher o que a terra oferece, os agricultores abrem a terra e plantam o que querem. Com a agricultura, a colheita se transforma de uma dádiva da natureza em uma conquista das pessoas. Nós entendemos essa ironia há milênios. Na lenda bíblica, o "sacrifício" de Caim, dos grãos que cultivou e colheu, não foi aceito por Deus. Abel, um pastor, reconheceu humildemente que estava sacrificando um animal que não havia criado. A colheita cultivada de Caim, por outro lado, foi rejeitada como arrogância, pois somente Deus tem o poder da criação.

No entanto, mesmo de posse dessas lições míticas, não conseguimos nos livrar da tendência da agricultura ao monopólio. Na Idade Média, quando as últimas terras comuns da Europa foram cercadas por monopólios, os piores problemas da agricultura se exacerbaram. Uma sociedade construída com base na agricultura privatizada tornou-se orientada ao controle, à extração e à propriedade, ainda que à custa da verdadeira eficiência, da saúde humana e da sustentabilidade ambiental.

A agricultura tornou-se o meio para um fim que não tinha nada a ver com alimentar as pessoas, e sim com o acúmulo de poder. O cultivo de algodão industrializado nas colônias americanas tornou-se justificativa para um comércio de escravos extremamente lucrativo. A agricultura industrial hoje atende principalmente aos interesses dos acionistas de empresas químicas, de pesticidas e de bioengenharia. Os defensores da agricultura industrial argumentam que as práticas orgânicas não ganham escala porque são muito intensivas, mas isso só é verdade nos primeiros dois anos, enquanto o solo destruído por décadas de abuso químico se recupera. A agricultura orgânica e biodiversa não é um luxo para os ricos, e sim um caminho para a sobrevivência daqueles que atualmente passam fome na África subsaariana. Sabemos agora, sem sombra de dúvida, que a agricultura industrial extrai menos alimentos do solo, com menos nutrientes, de modo menos eficiente, com mais custos e maior devastação ambiental do que a agricultura de pequena escala e orgânica. Isso já não é mais questão de debate.

A agricultura industrial consegue externalizar seus verdadeiros custos para os outros. Ela gera doenças de alto custo, tanto diretamente, – por meio de alimentos e gado contaminados –, quanto indiretamente, na forma de desnutrição, obesidade e diabetes. As indústrias de *fast food* e alimentícia, por sua vez, externalizam o custo do transporte para o sistema rodoviário público e o jugo das nações fornecedoras para os militares – tudo isso enquanto recebem subsídios do governo que dificultam a concorrência. Estudos das Nações Unidas e do Banco Mundial concluíram que a engenharia genética não tem um papel positivo no atendimento das necessidades alimentares do mundo.

O problema de depender inteiramente de abordagens industriais à terra, ou a qualquer outra coisa, é que elas simplificam demais sistemas que são complexos. Ignoram as propriedades circulatórias e regenerativas de organismos e comunidades vivas e tratam tudo em termos lineares: entradas e saídas.

Essas abordagens conseguem maximizar o rendimento da safra de uma estação, mas à custa da matriz do solo, dos níveis de nutrientes, da saúde e do rendimento de futuras safras. Isso gera, então, necessidade de uso de mais produtos químicos e modificações genéticas, e o ciclo continua. De acordo com estimativas atuais, a terra ficará sem solo superficial (a camada da terra na qual as plantas podem germinar) dentro de sessenta anos. Isso é ótimo para mercados baseados na escassez, mas terrível para um planeta de humanos que precisam comer.

A agricultura não é apenas um jogo de soma zero de extrair valor da terra e monopolizá-la. Implica participar como membros e beneficiários de um complexo ciclo de generosidade.

75.

A complexa biosfera do planeta sobreviverá a nós, de uma forma ou de outra. A continuidade de nossa participação, porém, está em dúvida. Nossos processos industriais agressivos não são uma ameaça apenas à diversidade de outras espécies, mas também uma ameaça a nós mesmos. Níveis crescentes de dióxido de carbono levam a declínios acentuados na capacidade cognitiva. O aquecimento global não apenas desloca grandes populações, mas as temperaturas mais altas podem levar a uma série de problemas, que vão da propagação de doenças ao aumento da agitação social.

Somos parte de um sistema complexo de ciclos de *feedback* e interconexões, e devemos aprender a tratar nosso mundo com maior sofisticação, empatia e visão – não como aproveitadores míopes, e sim como seres humanos com legados. A terra não precisa nos rejeitar como se fôssemos um patógeno invasor. Nosso consumo não precisa esgotar nenhum recurso. Na verdade, nós, humanos, somos capazes de tornar um lugar mais fértil do que o encontramos.

Um grande modelo de como os humanos podem participar voluntária e harmoniosamente do manejo da natureza e dos recursos é conhecido como permacultura. O termo foi cunhado por um estudante de pós-graduação em 1978, combinando as palavras "agricultura" e "permanente". Porém, seu significado expandiu-se para incluir o sentido de "cultura permanente" como uma forma de reconhecer que qualquer abordagem sustentável a produção de alimentos, construção, economia e meio ambiente teria que incluir nossa realidade social na equação.

A permacultura segue a filosofia de que devemos trabalhar com, e não contra, a natureza. Trata-se de observar como plantas e animais funcionam juntos, em vez de isolar um produto ou cultivo para extração. Envolve reconhecer os ciclos maiores e mais sutis das estações e da lua, e tratá-los como mais do que uma superstição. Exige que reconheçamos a terra como mais do que apenas pó, mas como solo: uma rede altamente complexa de fungos e microrganismos por meio da qual as plantas se comunicam e nutrem umas às outras. Os agricultores da permacultura tratam o solo como um sistema vivo, em vez de "virá-lo" com máquinas e transformá-lo em pó. Eles alternam culturas de forma a repor os nutrientes, tornar o solo mais profundo, evitar o escoamento da água e aumentar a especiação. Assim, deixam a paisagem mais viva e sustentável do que quando a encontraram.

É claro que todas essas práticas são prejudicadas pelos efeitos da indústria, como a introdução de organismos sintéticos ou o patenteamento de sementes tradicionais por corporações para que não possam ser usadas pelos agricultores, favorecendo assim as alternativas geneticamente modificadas. O Grande Agronegócio assumiu o controle até mesmo dos critérios de certificação orgânica na América, proibindo cinicamente aqueles que usam as práticas agrícolas mais regenerativas de rotular seus produtos como orgânicos. Se a paisagem vai ser definida pela lei do mais forte, então será difícil implementar a abordagem paciente da permacultura.

Além disso, essa guerra entrincheira os ativistas da alimentação no lado antitecnologia, fazendo-os relutar em incorporar o melhor da ciência moderna em suas operações. Em muitas circunstâncias, práticas sustentáveis, biodiversidade e rotação de pastos podem ser complementadas por nitrogênio sintético, energia solar ou irrigação computadorizada. O progresso não é nosso inimigo, desde que seja usado para abraçar e apoiar a complexidade, em vez de tentar eliminá-la.

76.

Os japoneses construíram uma usina nuclear ao pé de uma colina onde seus ancestrais haviam colocado placas de pedra com a advertência: "Não construa nada abaixo deste ponto". Os marcadores, conhecidos como pedras de tsunami, foram instalados séculos atrás por habitantes locais vítimas de terremotos e inundações que devastaram a região. Os modernos ignoraram o conselho, acreditando que suas técnicas de construção iam muito além do que seus ancestrais poderiam ter imaginado.

Os aldeões reconheceram o padrão dos desastres naturais, bem como o fato de que o ciclo não se repetia com frequência suficiente para que cada geração o testemunhasse. No entanto seus esforços para comunicar essa sabedoria foram em vão. Eles não conseguiram impressionar uma civilização sem paciência para reconhecer padrões ou desenvolver um senso de conexão com a natureza cíclica de nosso mundo.

Clima, ecologia, mercados ou carma: tudo que vai, volta. O que os antigos entendiam com base na experiência, hoje pode ser comprovado cientificamente, com dados e gráficos sobre todos os temas, desde as mudanças climáticas até as disparidades de renda. Entretanto, parece que não damos importância a esses fatos se não estiverem conectados à nossa experiência imediata. Números frios e abstratos cheiram à burocracia corrupta. Com os políticos trabalhando ativamente para minar a importância da realidade factual, os dados climáticos da NASA têm o mesmo efeito das pedras de tsunami.

Fenômenos como a mudança climática seguem uma escala de tempo grande demais para que a maioria das pessoas entendam, ainda que sejam avisadas por cientistas ou por seus bisavós.

Além disso, o futuro é um conceito distante – é problema de outra pessoa. Estudos do cérebro revelam que nos relacionamos com nosso *eu* futuro da mesma forma que nos relacionamos com uma pessoa completamente estranha. Não identificamos essa pessoa como *nós*. Talvez este seja um mecanismo de enfrentamento. Se ponderarmos verdadeiramente sobre as terríveis possibilidades, tudo se torna hiperbólico. Achamos mais fácil imaginar táticas de sobrevivência ao apocalipse zumbi do que ideias para tornar os próximos dez anos um pouco melhores.

A sucessão interminável de palestras inspiradoras sobre bem-intencionadas soluções tecnológicas que podem salvar o mundo com base em ideias patenteadas também não ajuda a fazer o futuro parecer mais real. Vamos lançar partículas reflexivas para a atmosfera, despejar limalha de ferro nos oceanos e fazer túneis para que as pessoas possam ir ao trabalho em cápsulas na Califórnia! Essas grandiosas metas ambientais deixam em suspenso a abundância sustentável, como algo que só poderíamos alcançar com inovações de alta tecnologia ainda mais lucrativas. Todas as narrativas baseiam-se em um progresso linear e fundamentado no crescimento, em detrimento do reconhecimento de ciclos ou do resgate de sabedorias ancestrais.

Esses projetos utópicos transformam em heróis os bilionários que os imaginam, ao mesmo tempo que nos ajudam a justificar nossa recusa em fazer mudanças expressivas no modo como vivemos. Se comprássemos menos *smartphones*, poderíamos escravizar menos crianças para produzi-los. Se comêssemos menos carne vermelha, reduziríamos mais nossa pegada de carbono do que se abandonássemos os automóveis. Agora mesmo, no dia de hoje, podemos fazer tudo isso.

Não precisamos construir uma rede de casas de adobe alimentadas pela energia solar em Marte. O futuro não é uma descontinuidade ou algum cenário que planejamos, e sim a realidade que estamos criando por meio de nossas escolhas atuais. Precisamos apenas observar os fluxos, reconhecer os padrões e aplicá-los em todos os lugares que pudermos.

Podemos aplicar os princípios regenerativos do manejo orgânico do solo para tornar a economia mais circular. Também podemos derivar toda uma estrutura ética apenas da prática do veganismo, podemos aplicar as percepções dos praticantes de permacultura às áreas de educação, justiça social e governo. Basta procurar padrões mais amplos, aprender com os mais velhos, entender e tirar proveito dos ciclos naturais.

Para começar, porém, temos que estabelecer nossas bases. Nós, humanos, precisamos observar fluxos e reconhecer padrões em nossas realidades e comunidades locais. Apenas depois disso poderemos começar a ter noção do que está acontecendo além de nossa experiência imediata e criar um senso de solidariedade.

77.

A ciência não é uma abstração fria, e sim produto da experiência humana direta.

Se pensarmos na ciência como conhecimento da natureza, então faz sentido que as descobertas muitas vezes venham daqueles que são mais intimamente dependentes de seus processos: marinheiros, caçadores, mineiros, curandeiros e outros cujos meios de subsistência envolvem encontros diretos com a natureza. Quase todas as espécies de plantas e animais que comemos são resultado de cruzamentos seletivos – uma forma suave de engenharia genética – promovidos por fazendeiros muito antes de Mendel fundar a disciplina da genética. Nosso conhecimento dos oceanos e das marés vem daqueles que Benjamin Franklin descreveu como "simples baleeiros". A medicina contemporânea ainda se vale de alguns *insights* de fontes não tradicionais.

Os cientistas modernos cuidam para não romantizar as práticas de curandeiros e xamãs, pois junto com a verdadeira ciência que possam ter descoberto vêm técnicas evidentemente não científicas, da astrologia ao vodu. De acordo com os racionalistas, a recusa em se separar da natureza impediu esses praticantes amadores de alcançarem a objetividade.

Essa visão foi melhor expressa em 1600 por Francis Bacon, famoso conselheiro do Rei James. Ele acreditava que a natureza guardava segredos em seu ventre e precisava ser penetrada à força para revelá-los: "A natureza deve ser tomada... detida e capturada... conquistada e subjugada...". Na linguagem impenitente de uma fantasia de estupro, ele argumentou que devemos ver a natureza como um objeto feminizado, e não como um sistema maior do qual nós mesmos fazemos parte.

A grande inovação – e limitação – da ciência foi dividir as coisas em seus componentes. A ciência, que vem da raiz *sci-*, que significa "dividir ou separar", disseca as coisas para entendê-las. Isso faz sentido: isolar um processo específico, criar uma hipótese sobre ele, formular um experimento, verificar se ele produz resultados que possam ser repetidos e depois compartilhar o conhecimento com outras pessoas. Foi assim que descobrimos que os objetos têm inércia, que o som tem velocidade e que as plantas absorvem CO_2.

Essas descobertas isoladas e repetíveis, por sua vez, tornam possíveis algumas coisas muito interessantes: por exemplo, os antibióticos – usados pela primeira vez pelos antigos egípcios, mas depois refinados em laboratório –, que transformaram infecções letais em pequenos incômodos. Entretanto, para os médicos armados com antibióticos, todo problema começou a parecer um micróbio. Embora os antibióticos de fato matassem seus alvos, eles também matavam bactérias úteis, comprometiam a resposta imune do paciente e estimulavam o desenvolvimento de cepas resistentes. Pior ainda, os médicos foram incentivados a desenvolver medicamentos e tratamentos cada vez mais específicos que poderiam ser monopolizados e ter fins lucrativos. A descoberta de que uma substância comum, mas não patenteável, como o extrato da folha de oliveira, tem propriedades antivirais não beneficia a indústria farmacêutica, do mesmo modo que a rotação de culturas para enriquecer o solo não beneficia as empresas químicas.

A ciência deve voltar a ser uma busca holística e humana.

78.

Nosso bom senso e experiência vivida contradizem muito do que nos dizem as autoridades científicas. Isso é um problema. A disposição dos pesquisadores para jogar no time da indústria e aceitar subsídios para comprovar os benefícios do tabaco ou do xarope de milho também não nos ajuda a lhes dar muita confiança. Por exemplo: se aqueles que defendem a vacinação tivessem mais credibilidade pública, mais pessoas perceberiam a lógica e a ética de assumir um risco ínfimo em benefício da imunidade coletiva.

Em vez disso, temos uma população cada vez mais desconfiada das evidências científicas, seja no que diz respeito à baixa correlação entre vacinas e autismo, seja à alta correlação entre a atividade humana e as mudanças climáticas. As pessoas temem que a ciência não veja o quadro geral, deturpe a realidade para beneficiar seus financiadores ou exija que sigamos instruções contraintuitivas e incapacitantes.

O carvoeiro desempregado não quer passar por um novo treinamento para construir painéis solares para uma empresa, a milhares de quilômetros de distância, cujos donos são capitalistas de risco alinhados com os progressistas que bradam sobre a mudança climática. Ele quer criar valor da mesma forma que seus pais e avós fizeram: desenterrando o recurso local que está sob seus pés. O ambientalismo parece um truque cruel ou uma conspiração internacional, e o tom paternalista dos "sabe-tudo" não o convence do contrário.

Ao desconectar a ciência das realidades mais amplas e sistêmicas da natureza, da experiência humana e da emoção, tiramos seu poder moral. O problema não é que não estamos investindo o suficiente em pesquisa científica ou em respostas tecnológicas para nossos problemas, mas que estamos buscando na ciência respostas que, em última instância, precisam da intervenção moral humana.

Quando a ciência é usada como defesa contra a natureza e não como uma forma de nos relacionarmos mais harmoniosamente com ela, desconectamo-nos de nosso núcleo moral. Perdemos a conexão com os fluxos de vitalidade que animam toda a vida. Isso degrada o tecido social, emocional e ético do qual extraímos força, estabelecemos prioridades e iniciamos mudanças positivas.

Assim como o corporativismo, a religião e o nacionalismo, a ciência foi vítima de uma concepção altamente linear do mundo. Tudo é causa e efeito, antes e depois, sujeito e objeto. Isso funcionou bem para Newton e outros observadores de fenômenos mecânicos. Para eles, tudo tinha um começo e um fim, e o próprio universo era uma folha quadriculada estendida infinitamente em todas as direções – um plano de fundo com medida absoluta sobre o qual todos os eventos astronômicos e terrestres acontecem.

Tudo na realidade material pode ser isolado e medido em relação a esses planos de fundo inventados, mas eles não existem de verdade; eles são apenas uma maneira conveniente para a ciência aplicada tratar diferentes partes e processos do mundo como separados e independentes. Mas eles não são. Não há plano de fundo sobre o qual a realidade se desenrola. Um objeto não fica em nenhum lugar absoluto no espaço; sua posição é puramente questão de sua relação com todos os outros objetos.

Como uma dança em que o único espaço que existe é definido pelos próprios dançarinos, tudo acontece em relação a todo o resto. Nunca acaba, nunca é irrelevante, nunca está em outro lugar.

Isso é o que força a ciência a entrar no reino da moralidade, do carma, da circularidade e da atemporalidade que as pessoas vivenciavam na era pré-científica. No fim das contas, não há um fundo sobre o qual existe uma figura. Tudo é só fundo, ou tudo é só figura. E os humanos são uma parte inseparável.

RENASCENÇA JÁ

79.

Criadas para aprimorar nossa interrelação essencial, nossas redes digitais poderiam ter mudado tudo. E a internet promoveu uma revolução, sim. Mas não foi uma renascença.

Os revolucionários agem como se estivessem destruindo o velho e começando algo novo. Na maioria das vezes, no entanto, essas revoluções se parecem mais com rodas-gigantes: a única coisa que realmente gira é o elenco de personagens no topo. A estrutura continua a mesma. Portanto a revolução digital – por mais que tenha sido concebida sem mácula – acabou nos trazendo uma nova equipe de tecnologistas libertários, em sua maioria homens, brancos, que acreditavam ser aptos a criar um conjunto de regras universais para os humanos. Mas essas regras – as regras das *startups* da internet e do capitalismo de risco – eram, na verdade, as mesmas antigas regras de antes. E continuaram por trás dos mesmos tipos de desigualdades, instituições e valores culturais.

Uma renascença, por outro lado, é um resgate do antigo. Ao contrário de uma revolução, ela não reivindica o novo. Uma renascença é, como a palavra sugere, um renascimento de velhas ideias em um novo contexto. Isso pode soar menos radical do que uma revolta revolucionária, mas oferece uma maneira melhor de promover nossos valores humanos mais profundos.

O fervor revolucionário com que a era digital foi promovida finalmente começou a diminuir, e as pessoas estão percebendo como essas redes e as empresas por trás delas comprometeram nossos relacionamentos, nossos valores e nosso pensamento. Isso está nos abrindo para a possibilidade de que algo muito maior esteja acontecendo.

80.

Estamos no meio de uma renascença? Será que a aparente calamidade e consternação ao nosso redor são menos os sintomas de uma sociedade à beira do colapso do que os de uma sociedade prestes a dar à luz? Afinal, o parto é traumático. Estaríamos interpretando erroneamente um processo natural, tomando-o como algo letal?

Uma maneira de avaliar essa possibilidade seria comparar os saltos na arte, na ciência e na tecnologia que ocorreram durante a Renascença original com os que estamos testemunhando hoje. Eles têm a mesma magnitude?

Talvez a técnica artística mais significativa desenvolvida durante a Renascença tenha sido a pintura em perspectiva. Os artistas aprenderam como transmitir uma imagem tridimensional em uma tela plana e bidimensional. Qual é o equivalente que criamos? Talvez o holograma, que nos permite representar uma quarta dimensão do tempo em uma superfície plana. Ou a realidade virtual, que permite ao espectador vivenciar uma imagem como um ambiente imersivo.

Durante a Renascença, os marinheiros europeus aprenderam a circunavegar o globo, acabando com a concepção de uma Terra plana e iniciando uma era de conquista territorial. No século XX, orbitamos e fotografamos nosso planeta do espaço, inaugurando uma mentalidade de ecologia e recursos finitos. A Renascença viu a invenção do soneto, uma forma de poesia que permitiu as primeiras metáforas estendidas. Temos o hipertexto, que permite que qualquer coisa se torne uma metáfora para qualquer outra coisa. A Renascença também ganhou sua nova mídia: a imprensa, que distribuía a palavra escrita a todos. Temos o computador e a internet, que distribuem o poder da publicação a todos.

Mais significativamente, uma renascença nos pede para dar um salto dimensional: de plano para redondo, 2D para 3D, coisas para metáforas, metáforas para *hiperlinks*, ou *top-down* para *peer-to-peer*. A Renascença original nos trouxe de um mundo plano para outro com perspectiva e profundidade. Nossa renascença potencialmente nos traz de um mundo de objetos para um mundo de conexões e padrões. O mundo pode ser entendido como um fractal, onde cada parte reflete o todo. Nada pode ser isolado ou externalizado, pois sempre faz parte de um sistema maior.

Os paralelos são abundantes. Esta é a nossa oportunidade de renascimento.

81.

Poderíamos dizer que a razão está para a Razão assim como a revolução está para a renascença. Uma renascença sem o resgate de valores essenciais perdidos é apenas outra revolução.

Os primeiros indivíduos e organizações a capitalizar na era digital ignoraram os valores subjacentes que suas inovações poderiam ter resgatado. Presumiram, de modo infantil, que estavam fazendo algo absolutamente novo: acabando com as hierarquias existentes e substituindo-as por algo ou alguém melhor – geralmente, eles mesmos. Os primeiros fundadores apenas mudaram os símbolos de ações em Wall Street de antigas empresas de tecnologia para novas empresas de tecnologia, bem como o meio usado para exibi-los de fita perfurada de papel para LEDs.

A revolução digital não foi mais do que uma superficial troca de guarda. No entanto, se dispensarmos a necessidade de acreditar que nossas inovações são totalmente originais, estaremos libertos para reconhecer os padrões cíclicos dos quais elas fazem parte.

A Renascença original, por exemplo, recuperou os valores da Grécia e Roma antigas. Isso se refletiu não apenas na filosofia, estética e arquitetura do período, mas também na agenda social. A moeda central favoreceu a autoridade central, os estados-nação e o colonialismo. Esses valores haviam sido perdidos desde a queda do Império Romano. A Renascença recuperou esses ideais por meio de suas monarquias, economia, colonialismo e ciência aplicada.

Então, quais valores podem ser resgatados pela nossa renascença? Os valores que foram perdidos ou reprimidos durante a última: ambientalismo, direitos das mulheres, economia par a par e localismo. A abordagem excessivamente racionalizada e alienante da ciência agora se junta às abordagens resgatadas de holismo e conectividade. Vemos as redes *peer-to-peer* e o *crowdfunding* substituindo o mecenato hierárquico da Renascença, resgatando um espírito de ajuda mútua e comunidade. Mesmo os estilos e a cultura em torno dessa atividade, de eventos como o Burning Man e da cerveja artesanal aos *piercings* e às poções de ervas, resgatam as sensibilidades medievais em escala humana reprimidas pela Renascença.

Uma renascença não significa um retorno ao passado. Não estamos de volta a Idade Média, derramamento de sangue, feudalismo ou lutas de espada na rua. Em vez disso, trazemos temas e valores de épocas anteriores e os reinventamos em novas formas. Esse resgate torna o progresso menos puramente linear – mudando a perspectiva de uma escada tradicional para uma escada em espiral, repetindo continuamente o mesmo padrão, mas subindo até o topo. O resgate nos ajuda a vivenciar a percepção das culturas pré-modernas de que nada é absolutamente novo; tudo é renovação.

Nossa falta geral de consciência sobre os valores resgatados pela tecnologia digital tornou fácil para os poderes referentes ao *status quo* cooptarem nossa renascença e reduzi-la a apenas mais uma revolução. Assim, como uma contracultura embalada e revendida para adolescentes no *shopping*, novos tópicos virtualmente transformadores são explorados por aqueles que buscam vencer os mesmos velhos jogos. Os atos e as comunas de amor livre dos anos 1960 foram aproveitados por homens lascivos que buscavam aproveitar a abertura da cultura psicodélica para o sexo fácil. O potencial intelectual da internet dos anos 1990 foi explorado por corretores de ações que procuravam vender novas histórias aos investidores. As possibilidades sem precedentes de conexão oferecidas pelas mídias sociais nos anos 2000 cederam às buscas mais lucrativas de vigilância, mineração de dados e controle do usuário. E a economia do compartilhamento da década de 2010 foi facilmente derrubada por capitalistas de risco, que usaram esses mesmos princípios para estabelecer monopólios de plataformas extrativistas e incontestáveis.

As possibilidades da renascença se perdem quando nossa abertura para mudanças fundamentais cria pontos de apoio para aqueles que querem nos explorar. As inovações são instrumentalizadas na busca de lucro de curto prazo, e os valores resgatados são ignorados ou anulados à força.

O resgate é importante. Sem o resgate, todo o nosso trabalho e inovação é apenas pesquisa e desenvolvimento para o sistema repressivo existente. É revelador que os usos comerciais de uma tecnologia tendem a surgir apenas algum tempo *depois* da existência dela, porque estes usos não são os motivos pelos quais a tecnologia nasceu em primeiro lugar.

Por que é tão importante olhar para o que está sendo resgatado? Porque o resgate é o que nos conecta não apenas ao passado, mas também às motivações e aos valores humanos fundamentais. Este é, no fundo, um impulso positivo e conservador, porque cada vez que apresentamos um valor humano fundamental, estamos garantindo que estaremos – como humanos – presentes no próximo ambiente.

82.

O valor humanista mais explicitamente resgatado pela Renascença, e que mais nos cria dificuldades hoje, é o mito do indivíduo.

O famoso *Homem Vitruviano* de Leonardo da Vinci – o desenho de 1490 de um homem, de perfeitas proporções dentro de um círculo e um quadrado – apresentou a forma humana nos termos geométricos idealizados do antigo arquiteto romano Vitrúvio. O corpo humano individual foi celebrado como uma analogia para o funcionamento perfeito do universo.

Quase todas as inovações do período resgataram algum aspecto da individualidade. A máquina de imprensa – para grande frustração dos padres – deu a todos Bíblias e a oportunidade de interpretar o evangelho por si mesmos. Isso levou ao protestantismo, à salvação pessoal e a um relacionamento mais individual com Deus. Ler um livro era uma atividade pessoal. O cavalheiro que lia em seu escritório recuperou a imagem do cidadão grego: um homem branco dono de escravos que pensa viver de acordo com os princípios da democracia.

A pintura em perspectiva também enfatizou o ponto de vista de um observador individual, bem como uma melhor posição única para se observar uma obra. Da mesma forma, as peças e os poemas épicos da Renascença resgataram o herói trágico do drama e da poesia da Grécia antiga. O personagem do Dr. Fausto na peça de Marlowe é frequentemente citado como o primeiro a incorporar o ideal renascentista do indivíduo. Ele é um *self-made man*, que aprendeu sobre o mundo por meio da experimentação pessoal. Mas também representa o que acontece quando esse compromisso com a individualidade vai longe demais: ele faz um acordo com o diabo para obter conhecimento total e persegue seus interesses pessoais atomizados acima de qualquer coisa que se assemelhe à unidade social.

Marlowe estava enfrentando algo novo em sua sociedade. Foi somente após a Renascença que as pessoas começaram a pensar em si mesmas como tendo vidas, lutas e destinos pessoais e que esses interesses individuais tiveram que ser mensurados em relação ao bem público. Isso deu origem ao Iluminismo, aos direitos humanos, à democracia – todos desenvolvimentos quase inequivocamente positivos.

Quando as necessidades do indivíduo são balanceadas com as do coletivo, as coisas ficam em equilíbrio. Mas quando as pessoas são compreendidas como indivíduos com interesses próprios em competição uns contra os outros pela sobrevivência e domínio, temos problemas. No entanto, é exatamente isso que as reformas econômicas da mesma Renascença exigiam. A moeda central transformou simples *tokens* transacionais – algo útil para o serviço de troca – em uma mercadoria escassa. Os monopólios da Renascença transformaram artesãos e usuários cooperativos em empregados dispensáveis competindo por um dia de trabalho.

O mito da individualidade tornou o capitalismo possível e o sustenta até hoje. Os economistas modelaram o mercado na falsa premissa de que os seres humanos são indivíduos inteiramente racionais agindo em seu próprio interesse. E as corporações aprenderam a alimentar o consumo reforçando nossas identidades como consumidores individuais. Por que sentar em um bonde com seus amigos quando você pode dirigir seu carro, sozinho? Por que pegar emprestado o cortador de grama do vizinho quando você pode ter o seu? O que é uma casa nos subúrbios sem uma cerca definindo sua propriedade?

A visão que o capitalismo tem do indivíduo como um ser totalmente voltado aos próprios interesses, cuja sobrevivência foi uma verdadeira batalha darwiniana, está em desacordo com nossa evolução social e nossa neurobiologia. Mas, a menos que recuperemos conscientemente o poder inerente à nossa natureza coletiva, permaneceremos incapazes de nos defender daqueles que continuam a usar nossa busca equivocada pela individualidade contra nós.

83.

A beleza de viver em um momento renascentista é que podemos resgatar o que perdemos da última vez. Assim como os europeus medievais resgataram a antiga concepção grega do indivíduo, podemos resgatar os entendimentos medievais e antigos do coletivo. Podemos resgatar abordagens, comportamentos e instituições que promovem nossa coerência social.

A revolução sozinha não vai ser o suficiente. Nem a rejeição geral dos valores da última renascença, como ciência, ordem, controle, centralidade ou mesmo individualidade. Em vez disso, devemos aceitá-los como o contexto no qual podem se produzir suas contrapartes – ou melhor, complementos. Os ideais da renascença anterior são o terreno no qual esses ideais perdidos são resgatados.

Nossa compreensão sobre nosso lugar no mundo está mudando. A Renascença pode ter nos levado do tribal ao individual, mas nossa atual renascença está nos levando do individualismo a outra coisa. Estamos descobrindo uma sensibilidade coletiva que é mais dimensional e participativa do que as comunidades formadas inconscientemente no passado. Tivemos que passar por esse estágio de individualismo para chegar lá.

As crianças devem aprender a se separar de seus pais e experimentar a si mesmas como indivíduos movidos pelo ego antes de se conectarem com outras pessoas e estabelecerem relacionamentos significativos ou intimidade. Da mesma forma, os seres humanos primeiro precisaram emergir do fundo e se tornar figuras: os sujeitos de nossas próprias histórias. Este foi um salto dimensional – de uma grande bolha para indivíduos distintos, cada um com suas próprias identidades interseccionais. E agora é hora de mais um salto.

84.

Ainda não temos grandes maneiras de falar sobre esse novo espírito de coletivismo. A relação entre indivíduos e sociedade sempre foi enquadrada como um compromisso necessário: dizem-nos que devemos sacrificar nossos objetivos pessoais pelo bem de todos. Mas e se não for uma soma zero, ou/ou? Os seres humanos, naquilo que têm de melhor, são capazes de abraçar o aparente paradoxo. Avançamos em meio à contradição e encontramos uma sensibilidade dinâmica do outro lado.

Podemos pensar em nosso coletivismo recém-resgatado como uma forma de ser figura e fundo ao mesmo tempo. Esta é a comunidade artística idealizada pelo Burning Man, evento que ocorre anualmente nos Estados Unidos; é a política de consenso que justificou o movimento Occupy, que teve início com os protestos do Occupy Wall Street, em Nova York; e é a economia distribuída almejada pelos movimentos de código aberto e *blockchain* – para citar apenas alguns exemplos.

Cada um desses movimentos depende de nosso conforto com o que poderíamos chamar de sensibilidade fractal – a noção de que cada pequena parte de um sistema ecoa a forma e a estrutura do todo. Assim como as veias da folha de uma única samambaia refletem os galhos, as árvores e a estrutura de toda uma floresta, os pensamentos e intenções de um único indivíduo refletem a consciência de todo o organismo humano. A chave para experimentar a própria individualidade é perceber a forma como ela se reflete no todo e, por sua vez, ressoar com algo maior do que si mesmo.

ORGANIZE

85.

Aqueles entre nós que procuram reaver o sentimento de comunidade e conexão hoje fazem isso com maior consciência das alternativas. Não resgatamos o coletivismo por acaso, e sim deliberadamente. Isso nos permite aproveitar conscientemente o poder das conexões de base, políticas de baixo para cima e negócios cooperativos – e criar, propositadamente, uma sociedade resiliente e resistente às forças que nos querem conquistar.

Os primeiros entusiastas da internet tinham pouco entendimento de como as salvaguardas anticomerciais da rede protegiam os valores humanísticos de sua cultura incipiente. Os garotos das *raves* dos anos 1990 não compreendiam o verdadeiro poder de seus rituais arrebatadores, que era reivindicar os espaços públicos para mantê-los. Muitos membros do Occupy ficaram consternados demais com a perda do Zuccotti Park para perceber que a maior vitória foi desenvolver um novo comportamento normativo para ativistas e uma abordagem baseada no consenso para administrar as manifestações.

Da mesma forma, os membros dos primeiros grupos comunitários geralmente não estavam cientes do verdadeiro poder da solidariedade. Eles não eram coletivistas intencionalmente, e sim por natureza. Os membros de um grupo tendiam a acreditar nas mesmas coisas. O trabalho deles também não era particularmente especializado. Eles se uniam pela localização, necessidades e visões de mundo em comum.

Somente depois que os humanos emergiram como indivíduos, com perspectivas diferenciadas, crenças conflitantes, habilidades especializadas e necessidades concorrentes, fomos capazes de compreender o coletivismo como uma escolha deliberada. É pela determinação voluntária de sermos membros da Equipe Humana que obtemos a capacidade e a facilidade de tomar uma posição ponderada em nosso próprio nome.

86.

A solidariedade começa com o lugar.

Embora a mobilização em torno das questões carregadas de emoção da grande mídia seja algo tentador, elas tendem a ser abstratas, polarizadoras e desconectadas da experiência de vida das pessoas. Um político inimigo ser indiciado ou não por deletar o *e-mail* errado tem muito menos impacto sobre pessoas reais do que o fato de existir produtos químicos vazando no abastecimento de água, fundos suficientes para as escolas ou lugares para os idosos frequentarem durante o dia.

Quando a política é verdadeiramente local, as questões não podem ser facilmente distorcidas pelo enquadramento partidário da televisão a cabo. O rezoneamento de terras agrícolas de um município remoto ou a revisão da política de reciclagem não interessa aos conglomerados de notícias nacionais em busca de audiência a qualquer preço. E nas raras ocasiões em que um assunto local aparece no noticiário nacional, aqueles de nós com conhecimento direto da história só podem se admirar com a diferença entre nossa realidade e o que está sendo retratado na tela. Todas as notícias vinculadas em rede nacional são distorcidas – simplesmente não temos como avaliá-las.

A Equipe Humana participa da política nacional e global de baixo para cima, do pequeno para o grande e ainda do local para o nacional e além. Ainda podemos ser guiados por princípios maiores, mas esses princípios são informados pela vida em comunidade, não pelos programas de rádio.

Não é fácil. O debate local sobre quase qualquer assunto acaba sendo mais desafiador do que a maioria de nós espera, mas mesmo os conflitos locais mais contenciosos são temperados pelo conhecimento de que temos que viver juntos, em paz, depois que a luta terminar. Quando você mora em algum lugar, não pode simplesmente sintonizar um canal diferente e obter vizinhos diferentes. Tudo que vai acaba de alguma forma voltando.

87.

Relações globais também são forjadas localmente. A parte mais importante de qualquer jornada diplomática é o último passo – aquele que coloca ambas as partes frente a frente. Pois é no encontro ao vivo que os potenciais adversários são forçados a reconhecer a humanidade um do outro.

Essa é a teoria da diplomacia que levou aos famosos Acordos de Oslo entre as partes em guerra do Oriente Médio – um pacto que fracassou apenas porque um dos signatários foi assassinado por um extremista de seu próprio povo. Tal comportamento sociopata não se limita a fanáticos religiosos. Qualquer pessoa que se distanciou tanto de outras pessoas a ponto de considerá-las menos importantes do que sua ideologia agirá de maneira anti-humana.

A diplomacia cidadã – que é simples turismo, na verdade, na qual o povo de uma nação representa seus valores no exterior – há muito é reconhecida como a ferramenta mais produtiva para melhorar as relações internacionais. A propaganda é manipuladora; gera competição entre aqueles que buscam dominar a opinião pública. Já a diplomacia cidadã é comportamental: mostrando pelo exemplo, ao vivo e pessoalmente. Em vez de levar ao confronto, gera interdependência.

Seja entre aliados ou adversários, eleitores ou moradores da cidade, o engajamento face a face alavanca nossa capacidade aprimorada de estabelecer relacionamentos. Embora nossas mentes possam estar determinadas a fazer nossa agenda triunfar, nossos corações só querem conquistar a outra pessoa. Se formos capazes de nos envolver em uma conversa genuína, nossos interesses comuns como humanos supera em muito as plataformas políticas às quais nos submetemos. Isso não é fraqueza, e sim força.

88.

Cada um de nós não pode fazer tudo. A democracia representativa nos dá a chance de escolher outras pessoas para falar em nosso nome – idealmente, em interações face a face com representantes de outras partes interessadas.

Ao relegar o processo democrático a gigantescas empresas de mídia e internet, dispensamos tanto o poder do relacionamento quanto a conexão com o lugar. Isso nos torna mais propensos a ver uns aos outros como menos do que humanos e a agir ou votar de forma desumana.

Em experimentos repetidos, as plataformas de mídia social demonstraram sua capacidade de induzir as pessoas a votar ou não, colocando mensagens específicas em seus *feeds* de notícias. Combine isso com a capacidade das mesmas empresas de prever como alguém provavelmente votará e obteremos uma ferramenta poderosa para minar a democracia ao manipular o comportamento dos eleitores. Não são necessárias *fake news*.

Não temos como saber quando isso está sendo feito conosco ou que outras técnicas estão sendo usadas. As plataformas de mídia social não têm expressões faciais por meio das quais possamos detectar seu comportamento duplo. Elas nos veem, mas não podemos vê-las. Nesses espaços virtuais, não podemos nem mesmo nos envolver verdadeiramente com os rostos de outras pessoas. Nosso impulso de ajuda mútua e conexão humana permanece adormecido.

Quando temos esse contato negado, começamos a nos sentir sozinhos e enraivecidos, tornando-nos alvos fáceis para qualquer demagogo que queira atiçar nossa raiva e desencadear nossas tendências mais sociopatas. O outro lado torna-se uma espécie inferior. Perdedores.

Não há nada de errado em se opor a alguém, mas os encontros com nossos adversários devem se fundamentar no contexto maior de nossa humanidade compartilhada. Isso significa que, em cada encontro, o próprio contato humano a humano, eu e você, torna-se o evento principal.

A posição da outra pessoa – mesmo hedionda – ainda deriva de alguma sensibilidade humana, embora distorcida pelo tempo, ganância, guerra ou opressão. Para encontrar essa humanidade central, entrar em consonância com ela e resgatar sua verdade essencial, temos que estar dispostos a ouvir nossos adversários como se fossem humanos.

Eles são humanos – pelo menos por enquanto.

89.

Todos podem entrar na Equipe Humana? Como praticar a inclusão social com quem não quer ser incluído?

Se pudermos invocar o suficiente de nossa própria humanidade para realmente ouvir, descobriremos que a maioria de nossos semelhantes não é verdadeiramente violenta ou irremediavelmente mesquinha. Compreender seus medos e, em seguida, trabalhar juntos em direção a nossos objetivos comuns é muito mais construtivo do que fingir que populações inteiras não têm humanidade alguma. Isso significa aventurar-se o mais longe possível em sua lógica emocional para encontrar algo com o qual possamos nos identificar – os sentimentos válidos que eles possuem, antes de serem transformados em suas expressões mais destrutivas.

Os inimigos de uma cultura tolerante e inclusiva não veem sua posição como desumana ou racista. Eles veem a história do mundo como uma competição pelo domínio, e sua própria raça e civilização como o legítimo – embora não reconhecido – vencedor. O que alguns de nós entendem como a expansão agressiva e colonial das nações europeias brancas, eles veem como o crescimento e a expansão da própria civilização. Pode fazer sentido. Então, na visão deles, aqueles de nós que tentam promover as culturas, os valores e os idiomas dos povos derrotados estão resgatando abordagens fracassadas, ensinando-as a nossos filhos e enfraquecendo nossa sociedade. Essas culturas não merecem ser ensinadas, eles pensam, porque *falharam*.

O bilionário do Vale do Silício com um *bunker* do apocalipse na Nova Zelândia usa uma lógica semelhante para justificar a criação das próprias condições que estão levando a um mundo onde tal plano B deveria ser exigido. O tecnologista mais inteligente e rico consegue sobreviver porque venceu. É uma versão hiperbólica, digitalmente amplificada e de soma zero da mesma exclusão.

Então, como nos envolvemos com essa perspectiva? Primeiro, reconhecendo a vulnerabilidade que esse ponto de vista está tentando compensar. Fanáticos pelo livre mercado, valentões racistas e "tecnoelites" – todos veem a natureza como uma competição cruel. Uma selva. Para todas as redes cooperativas da natureza, existem tantas espécies que caçam e se alimentam umas das outras. Baixar a guarda significa estar vulnerável a ataques.

Uma vez que realmente reconhecemos a origem deles, podemos simpatizar com seu medo, segui-los até aquele lugar escuro e assustador e, então, encontrar uma saída melhor *com* eles. Damos aos nossos potenciais antagonistas uma solução diferente da violência ou da retirada: sim, a natureza é um lugar que pode ser cruel, mas não tem consciência dessa crueldade. O guepardo não pretende ser cruel quando ataca a gazela, assim como o tornado não pretende ser cruel com a cidade que destrói. Somente os humanos são conscientes o suficiente para ver as ações da natureza como injustiça; reagimos ajudando aqueles que foram afetados e tomando medidas para protegê-los no futuro. Estes são, muito possivelmente, nossos propósitos e habilidade únicos como espécie. Nós, seres humanos, somos a consciência da natureza e fazemos o que está ao nosso alcance para torná-la mais, digamos, humana.

Até que ponto conseguimos fazer isso não é um sinal de fraqueza, mas de força. O líder que deve atacar outro povo para demonstrar domínio é mais fraco do que aquele que tem confiança suficiente para deixá-lo viver em paz. O governo que deve vigiar e controlar seus cidadãos está menos seguro em sua autoridade do que aquele que os mantém livres. Os tecnologistas trabalhando em *bunkers* do apocalipse não confiam tanto em seus talentos quanto aqueles que trabalham para prevenir as calamidades que temem. As pessoas que excluem outras com base em raça ou classe estão menos seguras de sua própria legitimidade e competência do que aquelas que acolhem a todos.

Da mesma forma, a pessoa que não consegue ver um ser humano por trás da máscara da intolerância é mais fraca do que aquela que consegue.

90.

As pessoas com quem discordamos não são o verdadeiro problema aqui. As maiores ameaças à Equipe Humana são as crenças, forças e instituições que nos separam uns dos outros e do mundo natural ao qual pertencemos. Nossa nova renascença deve resgatar tudo o que nos ajuda na reconexão com pessoas e lugares.

A maior associação orgânica de pessoas é a cidade. Organizadas em torno de recursos, bens comuns e mercados, as cidades crescem de baixo para cima. Como um amálgama natural de pessoas, elas assumem as qualidades de qualquer organismo coletivo, como um recife de coral ou um cupinzeiro.

Durante a Renascença, a primazia da cidade-estado das pessoas foi cedida ao estado-nação determinado pela prática política, um conceito inventado. A transição das cidades para as nações transformou as pessoas de membros de uma comunidade em cidadãos de um estado. As localidades foram destituídas de poder – junto com suas moedas e economias circulares – à medida que os recursos e a atenção foram direcionados para cima, primeiro para os monarcas e depois para as corporações.

Nossas interações pessoais locais, solidariedade e preocupações coletivas foram substituídas por um processo democrático abstrato e de larga escala que não pôde deixar de se tornar mais uma expressão das afinidades de marcas comerciais do que das necessidades humanas. Nós nos tornamos indivíduos fazendo escolhas pessoais na reclusão de cabines de votação, em vez de grupos expressando sua solidariedade por meio da colaboração.

Este mesmo processo continua até hoje. O que a Companhia Britânica das Índias Orientais, os impérios coloniais europeus e as corporações transnacionais modernas fizeram com os povos cooperativos do mundo, as empresas digitais de hoje estão fazendo conosco: desconectando-nos do solo em que estamos, das comunidades onde vivemos e das pessoas com quem conspiramos. Conspirar significa literalmente "respirar junto" – algo que qualquer grupo de pessoas reunidas no espaço real já está fazendo.

É por isso que devemos reaver a terra firme, a cidade e as comunidades físicas onde isso pode acontecer. Os seres humanos retiram seu poder do lugar onde estão. Somos os nativos aqui e temos a vantagem de jogar em casa.

91.

Manter a vantagem de jogar em casa significa permanecer no mundo real. Mas às vezes é difícil saber o que é realmente real.

Devemos aprender a distinguir entre o mundo natural e as muitas construções que agora confundimos com condições preexistentes do universo. Dinheiro, dívidas, empregos, escravidão, países, raça, corporativismo, bolsas de valores, marcas, religiões, governo e impostos são todas invenções humanas. Nós as inventamos, mas agora agimos como se fossem leis imutáveis. Jogar na Equipe Humana significa ser capaz de distinguir entre o que não podemos mudar e o que podemos.

É semelhante aos estágios pelos quais os jogadores de *videogame* passam em seu caminho para a maestria. As crianças começam como jogadores puros, aceitando tacitamente as regras do jogo.

São capazes de começar o jogo sem nem mesmo ler as regras e, em seguida, prosseguir o mais longe que puderem por conta própria.

O que fazem quando não conseguem mais avançar? Alguns simplesmente desistem ou se tornam espectadores de *shows* de jogadores profissionais. Mas aqueles que querem prosseguir para o próximo nível de maestria encontram estratégias, *play-throughs* e "códigos de trapaça". São truques que dão ao jogador munição infinita ou a força extra do escudo de que ele precisa para passar de nível com mais facilidade. Assim, ele deixa de ser um mero jogador para se tornar um trapaceiro – alguém que não respeita os limites originais do jogo. Somente a partir de então o jogador tem a opção de ir além das regras originais.

Para jogadores que chegam ao fim e ainda querem mais, muitos jogos oferecem a possibilidade de "modificar" suas próprias versões. Os jogadores podem construir novos níveis com novos obstáculos, ou até transformar as masmorras de um castelo nos corredores de uma escola secundária. O jogador passa de trapaceiro a autor. Mas eles ainda devem aceitar a premissa básica do jogo e seu sistema operacional.

Eles fazem *upload* de seus níveis modificados para sites de jogos, onde são baixados por outros entusiastas. Aqueles que criaram os níveis mais populares podem até ser chamados para trabalhar em empresas de jogos, criando produtos totalmente novos. Essas crianças passaram do estágio de autor para o de programador. São capazes de escrever novas leis.

Esses estágios do jogo de *videogame* – do jogador ao trapaceiro, do autor ao programador – são análogos aos estágios pelos quais passamos como civilização. Antes da palavra escrita, simplesmente recebíamos a lei. Depois que aprendemos a ler, obtínhamos a capacidade de interpretação. Com a impressão, surgiu a capacidade de compartilhar nossas opiniões. Com a programação, surge a oportunidade de escrever novas regras.

Se não de outra forma, viver em um ambiente de mídia digital deve nos ajudar pelo menos a ficar mais conscientes da programação ao nosso redor. Devemos ser capazes de reconhecer os subúrbios como uma experiência de controle social por meio do isolamento e o corporativismo como um esforço para impedir a prosperidade de baixo para cima. O simples fato de lembrar que as corporações foram inventadas já deveria nos empoderar a reinventá-las segundo o nosso gosto.

A Equipe Humana pode se organizar, ir às ruas, participar da política eleitoral, desenvolver novas plataformas de discussão, envolver-se de forma mais objetiva com o mundo natural e trabalhar para reformar instituições corruptas ou para criar instituições melhores.

Este, e não um novo *software*, é o empoderamento latente a ser conquistado na era digital. Os dígitos originais são os dedos de nossas próprias mãos humanas. Ao resgatar o digital, adotamos uma abordagem prática para refazer o mundo segundo o nosso próprio interesse e o interesse de todos.

Quando podemos, participamos, e quando não podemos participar, mudamos as regras.

VOCÊ NÃO ESTÁ SOZINHO

92.

Os seres humanos podem intervir nas máquinas. Não se trata de uma recusa em aceitar o progresso. É simplesmente uma recusa em aceitar um determinado resultado qualquer como inevitável.

A Equipe Humana não é contra a tecnologia. Inteligência artificial, clonagem, engenharia genética, realidade virtual, robôs, nanotecnologia, *bio-hacking*, colonização espacial e máquinas autônomas provavelmente vieram para ficar, de uma forma ou de outra. Mas devemos assumir uma posição e insistir para que os valores humanos sejam incorporados ao desenvolvimento de cada uma dessas tecnologias.

Aqueles de nós que se lembram de como era a vida antes que essas invenções refizessem o cenário têm o dever de recordar e proclamar os valores que estão sendo deixados para trás.

93.

Nossos valores – ideais como amor, conexão, justiça, prosperidade distribuída – não são abstratos. Simplesmente perdemos nossa capacidade de nos relacionar com eles.

Outrora, os valores davam sentido e orientação à sociedade humana. Agora essa função é preenchida por dados, e nossos grandes ideais são reduzidos a *memes*. Em vez de reencenar conscientemente as verdades essenciais e míticas de nossa existência, olhamos para a opinião agregada e atiçamos quaisquer apetites que garantam o maior lucro.

Uma democracia de consumo não pode expressar nossos valores mais elevados como humanos; isso equivale a pouco mais do que métricas. As vendas do *smartphone* mais recente, os votos para o autocrata atual – nada disso prova os verdadeiros méritos de ambos.

Precisamos de outra maneira de expressar e executar a agenda humana.

94.

O programador percebe, necessariamente, o mundo como se este estivesse sofrendo por conta de um *software* ruim: uma codificação melhor tornaria as pessoas mais felizes. Mas essas abordagens táticas tratam apenas dos problemas granulares. O instrumentalismo resolve um problema sem o benefício do contexto humano maior. Ele maximiza a eficiência no curto prazo, ao mesmo tempo que joga seus custos no colo de alguém ou algum outro lugar.

Alcançar um valor humano superior, como a justiça universal, não é uma questão de engenharia. *Blockchains* e robôs não abordam o problema fundamental da recusa generalizada da humanidade em valorizar uns aos outros e o mundo que compartilhamos.

Em vez de tentar localizar nossos valores em um código de computador melhor, deveríamos nos voltar para as partes de nós mesmos que não podem ser compreendidas nesses termos: nossas habilidades como humanos de lidar com a ambiguidade, de resgatar o essencial e de agir bem com os demais.

95.

Uma sociedade orientada por valores assemelha-se a uma organização autogovernada – ou "holocracia". Sem um líder a seguir ou linhas de código para nos orientar, devemos ser guiados por um conjunto de ideais comuns.

Ideais assim não podem ser justificados com números ou instrumentalizados com tecnologia. Eles emergem de um senso de propriedade compartilhada e de responsabilidade por nosso interesse coletivo.

As cooperativas ajudam a conceber esse modo de ver as coisas, no qual todos os trabalhadores também são partes interessadas na empresa. São um grupo de indivíduos autônomos que trabalham em direção a objetivos compartilhados e mantêm visões de mundo complementares. Os valores comuns são o que estabelece a direção da energia do grupo e servem como bússola moral para a tomada de decisão coletiva.

As cooperativas também são um modelo para uma sociedade de adultos autônomos e colaboradores. Comunidades compostas por indivíduos genuinamente interdependentes, nas quais cada um de nós é necessário e responsável, oferecem a mais alta qualidade de vida e o maior nível de felicidade. Nossas contribuições pessoais têm maior efeito quando são amplificadas por uma rede de colegas que trabalham de forma solidária. O indivíduo se realiza por meio da comunidade.

Somente quando servimos aos outros temos a oportunidade de experimentar autonomia e pertencimento ao mesmo tempo.

96.

Os seres humanos ainda gostam de competir. Não precisamos ser absolutamente generosos o tempo todo. Há lugar para agressão e empreendedorismo, vencedores e perdedores. Isso tem que acontecer, como no esporte, com regras e transparência.

Uma civilização humana aprende a realizar suas atividades competitivas dentro do contexto maior dos bens comuns. Nossos tribunais, democracia, mercados e ciência são todos caracterizados pela competição, mas essa competição ocorre em campos de jogo altamente regulamentados. O mercado livre não é um vale-tudo, de forma alguma, e sim um jogo administrado com regras, bancos, fichas, patentes e ações.

Esses espaços competitivos só funcionam no interesse de todos a longo prazo quando suas operações são radicalmente transparentes. Os tribunais não podem fazer justiça se não soubermos por que certas pessoas estão presas e outras não. Os mercados não funcionam quando certos participantes obtêm informações que outros não conseguem. A ciência não pode avançar se os resultados não forem compartilhados e verificáveis.

A transparência é, de fato, a única escolha. Não podemos mais nos esconder e mentir uns para os outros. Não há razão para isso. Se um mágico pode decifrar nossas expressões e detectar nossas declarações falsas, então todos nós devemos saber, em algum nível, quando estamos sendo enganados por outra pessoa. Quando nossa mídia e nossas máquinas não têm transparência e não são confiáveis, devemos aprender a depender uns dos outros para saber a verdade sobre o que está acontecendo aqui.

Se quisermos conduzir nossa sociedade de volta à realidade, temos de parar de inventar coisas.

97.

As coisas podem parecer sombrias, mas o futuro está em aberto e disponível para invenções.

Nós erroneamente tratamos o futuro como algo para o qual devemos nos preparar. Empresas e governos contratam planejadores de cenários para projetar o futuro como se fosse um fenômeno estático. O melhor que podem esperar é estarem prontos para o que vai acontecer.

Mas o futuro não é algo a que chegamos, e sim algo que criamos por meio de nossas ações no presente. Até mesmo o clima, neste momento, está sujeito às escolhas que fazemos hoje sobre energia, consumo e desperdício.

O futuro é menos um substantivo do que um verbo, é algo que fazemos. Podemos manipulá-lo, mantendo as pessoas distraídas do poder que detêm no presente e de sua conexão com o passado. Isso afasta as pessoas de sua história e de seus valores fundamentais.

Ou podemos usar a ideia de futuro de forma mais construtiva, como um exercício de criação e transmissão de valores ao longo do tempo. Esse é o papel das histórias, da estética, da canção e da poesia. A arte e a cultura proporcionam uma maneira de resgatar nossos ideais perdidos, conectar-nos ativamente com os outros, viajar no tempo, comunicar-nos além das palavras e praticar o trabalho árduo da criação participativa da realidade.

98.

Há apenas uma coisa acontecendo aqui.

Por mais que pensemos que somos indivíduos separados, estamos programados desde o nascimento para compartilhar, unir, aprender e até curar uns aos outros. Nós, humanos, fazemos parte do mesmo sistema nervoso coletivo. Esta não é uma convicção religiosa, e sim um fato biológico cada vez mais aceito.

Não podemos ficar sozinhos, mesmo que quiséssemos. A única forma de cura é por meio da conexão com outra pessoa.

Mas isso também significa que quando um de nós está perturbado, confuso, violento ou oprimido, o restante de nós também está. Não podemos deixar ninguém para trás, ou nenhum de nós realmente chegará ao destino para o qual pensamos estarmos indo. E não podemos simplesmente ficar confusos e deprimidos sem confundir e deprimir todos os que estão conectados a nós.

Esse é um esporte coletivo.

99.

Você não está sozinho. Nenhum de nós está.

Quanto mais cedo pararmos de nos esconder em plena vista de todos, mais cedo poderemos nos beneficiar uns dos outros. Mas temos que nos levantar e ser vistos. Por mais imperfeitos, peculiares e incompletos que possamos nos sentir, é hora de nos declararmos membros da Equipe Humana.

Ao serem chamados por Deus, os profetas bíblicos responderiam "*Hineni*", significando "estou aqui". Os estudiosos há muito debatem por que uma pessoa deveria ter que dizer a Deus que está presente. Certamente ela sabe que Deus a vê.

Claro, o verdadeiro propósito de gritar "*Hineni*" é declarar prontidão: a vontade de avançar e fazer parte do grande projeto. Gritar na escuridão para que outros nos encontrem: *Aqui estou.*

É hora de nos elevarmos à altura de nossa própria humanidade. Não somos perfeitos, de forma alguma. Mas nós não estamos sozinhos. Somos a Equipe Humana.

100.

Encontre os outros.

NOTAS

As notas estão organizadas de acordo com as seções numeradas do texto.

3.

As pessoas que se desconectam das organizações ou comunidades que frequentam geralmente definham sem elas
Jeffrey L. Metzner e Jamie Fellner, "Solitary Confinement and Mental Illness in US Prisons: A Challenge for Medical Ethics," *Journal of the American Academy of Psychiatry and the Law* 38, n° 1 (março de 2010).

8.

em uma floresta saudável, existe uma paisagem invisível de cogumelos e outros fungos que conecta os sistemas radiculares das árvores
Suzanne Simard, "How Trees Talk to Each Other", TED talk, junho de 2016.

Quando as folhas das acácias entram em contato com a saliva de uma girafa, elas liberam um produto químico de alerta
Peter Wohlleben, *The Hidden Life of Trees: What They Feel, How They Communicate* (Vancouver: Greystone, 2016).

9.

"Individualistas" que desafiavam a autoridade do líder ou se afastavam
Merlin Donald, *Origins of the Modern Mind: Three Stages in the Evolution of Culture and Cognition* (Cambridge, MA: Harvard University Press, 1991).

O combate virtual beneficia não apenas aquele que seria morto
Laszlo Mero, *Moral Calculations: Game Theory, Logic, and Human Frailty* (New York: Springer Science + Business, 1998).

John Marzluff e Russel P. Balda, *The Pinyon Jay: Behavioral Ecology of a Colonial and Cooperative Corvid* (Cambridge, UK: Academic Press, 1992).

10.

O benefício mais direto de mais neurônios e conexões em nosso cérebro é um aumento no tamanho das redes sociais que podemos formar
Norman Doidge, *The Brain That Changes Itself* (New York: Penguin, 2007).

O desenvolvimento de cérebros maiores permitiu aos seres humanos manter a colossal quantidade de 150 relacionamentos estáveis ao mesmo tempo
Robin Dunbar, *Human Evolution: Our Brains and Behavior* (New York: Oxford University Press, 2016).

11.

Perdas de significado social, como a morte de um ente querido, o divórcio ou a expulsão de um grupo de convívio, são vividas de forma tão intensa quanto uma perna quebrada
Matthew D. Lieberman, *Social: Why Our Brains Are Wired to Connect* (New York: Crown, 2013).

Gerenciar relacionamentos sociais também exigia que os humanos desenvolvessem o que os antropólogos chamam de "teoria da mente"
Leslie C. Aiello e R. I. M. Dunbar, "Neocortex Size, Group Size, and the Evolution of Language," *Current Anthropology* 34, n° 2 (abril de 1993).

Comportamentos pró-sociais como uma simples imitação – o que é conhecido como mimese *– fazem as pessoas se sentirem mais aceitas e incluídas*
Robert M. Seyfarth e Dorothy L. Cheney, "Affiliation, empathy, and the origins of theory of mind," *Proceedings of the National Academy of Sciences of the United States of America* 110 (Suplemento 2) (18 de junho de 2013).

Em um experimento, as pessoas que foram imitadas de modo sutil por um grupo acabaram por produzir menos hormônio do estresse
Marina Kouzakova et al., "Lack of behavioral imitation in human interactions enhances salivary cortisol levels," *Hormones and Behavior* 57, nº 4–5 (abril de 2010).

Nosso corpo é adaptado para buscar e gostar de ser imitado
S. Kuhn et al., "Why do I like you when you behave like me? Neural mechanisms mediating positive consequences of observing someone being imitated," *Social Neuroscience* 5, nº 4 (2010).

Tentar reverberar o estado cerebral da multidão é uma coisa natural para nós
Thomas Lewis, Fari Amini e Richard Lannon, *A General Theory of Love* (New York: Knopf, 2001).

12.

Nós, seres humanos, somos definidos não por nossa habilidade superior de caça, e sim por nossa capacidade de nos comunicarmos, de confiarmos e de compartilharmos
Glynn Isaac, "The Food-Sharing Behavior of Protohuman Hominids," *Scientific American*, abril de 1978.

Entretanto pesquisas contemporâneas sustentam motivos mais generosos no altruísmo, que nada têm a ver com interesse próprio
The Evolution Institute, https://evolution-institute.org.

Foi uma adaptação perigosa, que envolveu misturar a via aérea com a via alimentar
Merlin Donald, *Origins of the Modern Mind: Three Stages in the Evolution of Culture and Cognition* (Cambridge, MA: Harvard University Press, 1991).

13.

A diferença entre plantas, animais e humanos se resume ao que cada forma de vida pode armazenar, aproveitar ou – como esse conceito foi chamado – "incorporar"

Alfred Korzybski, *Science and Sanity: An Introduction to Non-Aristotelian Systems and General Semantics* (New York: Institute of General Semantics, 1994).

14.

A felicidade não é uma função de uma experiência ou escolha individual, e sim uma propriedade de grupos de pessoas

Nicholas A. Christakis e James H. Fowler, "Dynamic spread of happiness in a large social network: Longitudinal analysis over 20 years in the Framingham Heart Study," *British Medical Journal* (4 de dezembro de 2008).

Homens jovens com poucas relações sociais desenvolvem altos níveis de adrenalina

Sarah Knox, Töres Theorell, J. C. Svensson e D. Waller, "The relation of social support and working environment to medical variables associated with elevated blood pressure in young males: A structural model," *Social Science and Medicine* 21, nº 5 (1985).

Alunos solitários têm baixos níveis de células imunes

J. K. Kiecolt-Glaser et al., "Marital quality, marital disruption, and immune function" *Psychosomatic Medicine* 49, nº 1 (janeiro de 1987).

15.

Fazer a escolha independente de confiar em outras pessoas, ou mesmo envolver-se em autossacrifício, permite que as pessoas sintam que estão conectadas a um projeto maior

Chris Hedges, "Diseases of Despair," *TruthDig*, 3 de setembro de 2017.

Acabamos por nos envolver em atitudes fúteis de permanência, desde adquirir riquezas até controlar outras pessoas
  Ernest Becker, *The Denial of Death* (New York: Free Press, 1977).

A saúde mental foi definida como "a capacidade tanto de expansão autônoma quanto de integração homônima com os demais"
  Andras Angyal, *Neurosis and Treatment: A Holistic Theory* (Hoboken: John Wiley and Sons, 1965).

18.

A fala criou uma forma de deturpar ativamente a realidade para os outros
  Robert K. Logan, *The Extended Mind: The Emergence of Language, the Human Mind and Culture* (Toronto: University of Toronto Press, 2007).

Sempre que a escrita apareceu, foi acompanhada de guerra e escravidão
  John Lanchester, "The Case Against Civilization," *New Yorker*, 18 de setembro de 2017.

Apesar de todos os benefícios da palavra escrita, ela também é responsável por substituir uma cultura arraigada e baseada na experiência por uma cultura abstrata e administrativa
  Walter Ong, *Orality and Literacy* (London: Routledge, 1982).
  Leonard Shlain, *The Alphabet Versus the Goddess* (London: Penguin, 1999).

a psicologia do marketing viu nisso uma maneira de espelhar a mente do consumidor
  W. R. Simmons, "Strangers into Customers", estudo de *marketing* preparado para a National National Broadcasting Co., New York, 1954.

A televisão disse às pessoas que elas poderiam escolher suas próprias identidades
  David Halberstam, *The Fifties* (New York: Ballantine, 1993).
  The Century of the Self, filme, dirigido por Adam Curtis (2005; UK: BBC Two, RDF Television).
  Stuart Ewen, *All-Consuming Images* (New York: Basic Books, 1990).

A televisão foi amplamente tida como o maior contribuinte para a dessocialização da paisagem americana
Robert D. Putnam, *Bowling Alone: The Collapse and Revival of American Community* (New York: Simon and Schuster, 2000).

19.

A conectividade entre as pessoas terminou substituída por relacionamentos de "marketing um a um" entre indivíduos e marcas
Don Peppers and Martha Rogers, *The One to One Future* (New York: Currency, 1993).

Anunciamos que a rede era e sempre seria um "meio social"
Douglas Rushkoff, "The People's Net," *Yahoo Internet Life*, julho de 2001.

21.

O termo "media virus"
Douglas Rushkoff, *Media Virus!* (New York: Ballantine, 1994).

23.

A memética, o estudo de como os memes se espalham e se replicam, foi popularizada pela primeira vez por um biólogo evolucionário na década de 1970
Richard Dawkins, *The Selfish Gene* (Oxford: Oxford University Press, 1976).

É por isso que um gafanhoto domesticado
Brigid Hains, "Die, Selfish Gene, Die," *aeon*, 13 de dezembro de 2013.

24.

eles investem em propaganda de todos os lados do espectro político
Nancy Scola e Ashley Gold, "Facebook, Twitter: Russian Actors Sought to Undermine Trump After Election," *Politico*, 31 de outubro de 2017.

25.

A ideia de figura e fundo foi postulada pela primeira vez por um psicólogo dinamarquês no início do século XX
Jörgen L. Pind, *Edgar Rubin and Psychology in Denmark* (Berlin: Springer, 2014).

26.

Uma boa educação também era um requisito para o funcionamento da democracia
John Dewey, *Democracy and Education* (New York: Free Press, 1997).

O lançamento do satélite Sputnik pelos soviéticos na década de 1960 levou os Estados Unidos a começarem a oferecer matemática avançada no ensino médio
Alvin Powell, "How Sputnik Changed U.S. Education," *Harvard Gazette*, 11 de outubro de 2007.

27.

Por esses motivos, muitos dos engenheiros, desenvolvedores e empreendedores mais ambiciosos acabam abandonando a faculdade
Bill Gates, Steve Jobs, Mark Zuckerberg, Evan Williams, Travis Kalanick, Larry Ellison, Michael Dell, John Mackey, Jan Koum, entre outros.

28.

Considere a famosa invenção de Thomas Jefferson, o elevador de comida
Silvio A. Bedini, *Thomas Jefferson: Statesman of Science* (Basingstoke: Palgrave–MacMillan, 1990).

Ainda hoje, os trabalhadores chineses "finalizam" smartphones limpando todas as impressões digitais
Victoria Turk, "China's Workers Need Help to Fight Factories' Toxic Practices," *New Scientist*, 22 de março de 2017.

29.

A música ambiente do supermercado é programada para aumentar o ritmo com que colocamos as coisas em nossos carrinhos de compras
Douglas Rushkoff, *Coercion* (New York: Riverhead, 2000).

Nossas tecnologias mudam: deixam de ser as ferramentas que as pessoas usam e se tornam os ambientes em que as pessoas agem
David M. Berry e Michael Dieter, *Postdigital Aesthetics: Art, Computation, and Design* (Basingstoke: Palgrave–MacMillan, 2000).

Pense na maneira como os gráficos de videogame *avançaram*
Heather Chaplin, *Smartbomb: The Quest for Art, Entertainment, and Big Bucks in the Video Game Revolution* (Chapel Hill: Algonquin, 2006).

30.

Como o número de prescrições de anfetaminas para jovens continua a dobrar
"Prescribed Stimulant Use for ADHD Continues to Rise Steadily," National Institute of Mental Health, comunicado à imprensa, 28 de setembro de 2011, https://www.nih.gov/news-events/news-releases/prescribed-stimulant-use-adhd-continues-rise-steadily.

32.

As redes encurtaram a distância
Veja a lista de *e-mails* da Nettime do início dos anos 1990, em https://www.nettime.org/archives.php, ou grupos Usenet como alt.culture.

Mesmo as plataformas sociais e de pesquisas corporativas que mais tarde monopolizaram a rede originalmente prometiam nunca permitir a publicidade
Benoit Denizet-Lewis, "Why Are More American Teenagers Than Ever Suffering from Severe Anxiety?" *New York Times Magazine*, 15 de outubro de 2017.

33.

A tecnologia persuasiva, como agora é chamada, é uma filosofia de design ensinada e desenvolvida em algumas das principais universidades dos Estados Unidos
O atual líder do setor é o Laboratório de Captologia de BJ Fogg, na Universidade de Stanford.

pelo contrário, elas mudam suas atitudes para corresponder aos seus comportamentos
"BDI Behaviour Change," Behavioural Dynamics Institute, 2014, https://www.youtube.com/watch?v=l3k_-k1Mb3c.

o tipo de manipulação psicológica exercida em prisões, cassinos e shoppings
Douglas Rushkoff, *Coercion* (New York: Riverhead, 2000).

É por isso que estudos acadêmicos sobre padrões de máquinas caça-níqueis tornaram-se leitura obrigatória
Natasha Dow Schull, *Addiction by Design: Machine Gambling in Las Vegas* (Princeton: Princeton University Press, 2014).
Nir Eyal, *Hooked: How to Build Habit-Forming Products* (New York: Portfolio, 2014).

a diversão muitas vezes se rende a alguns resultados nada lúdicos
Brian Burke, *Gamify: How Gamification Motivates People to Do Extraordinary Things* (Abingdon, UK: Routledge, 2014).
Kevin Werbach, *For the Win: How Game Thinking Can Revolutionize Your Business* (Philadelphia: Wharton Digital Press, 2012).
Jane McGonigal, *Reality Is Broken: Why Games Make Us Better and How They Can Change the World* (London: Penguin, 2011).

34.

Agora sabemos, sem nenhuma dúvida, que somos mais burros quando usamos smartphones *e redes sociais*
Debra Kaufman, "Studies Show Smartphones, Social Media Cause Brain Drain," *etcentric*, 10 de outubro de 2017.

35.

os seres humanos precisam de informações do espaço tridimensional orgânico
William Softky, "Sensory Metrics of Neuromechanical Trust," *Journal of Neural Computation* 29, n° 9 (setembro de 2017).

Lembramos mais das coisas quando podemos relacioná-las com suas localizações físicas
Luke Dittrich, *Patient H.M.: A Story of Memory, Madness, and Family Secrets* (New York: Random House, 2017).

Nossos relacionamentos giram em torno de métricas, julgamentos e poder
Benoit Denizet-Lewis, "Why Are More American Teenagers Than Ever Suffering from Severe Anxiety?" *New York Times Magazine*, 11 de outubro de 2017.

36.

Surpreendentemente, a incapacidade de estabelecer confiança em ambientes digitais não nos impede de usá-los
William Softky, "Sensory Metrics of Neuromechanical Trust," *Journal of Neural Computation* 29, n° 9 (setembro de 2017).

é assim que os produtos que você pode ter visto em um site aparecem magicamente como anúncios no próximo.
Do Not Track, documentário, dirigido por Brett Gaylor (2015), disponível em https://donottrack-doc.com.

37.

Descrevíamos nosso mundo como um grande mecanismo
João de Sacrobosco, *De Sphaera Mundi* (Tratado da Esfera), c. 1230, disponível em http://www.esotericarchives.com/solomon/sphere.htm.
Dennis Des Chene, *Spirits and Clocks: Machine and Organism in Descartes* (Ithaca, NY: Cornell University Press, 2000).

Procuramos operar mais rapidamente
George Lakoff, *Metaphors We Live By* (Chicago: University of Chicago Press, 1980).
Lewis Mumford, *Myth of the Machine* (Boston: Mariner, 1971).
Neil Postman, *Technopoly: The Surrender of Culture to Technology* (New York: Vintage, 1993).
Jean Baudrillard, *Simulacra and Simulation* (Ann Arbor: University of Michigan Press, 1994).

Não é apenas tratar as máquinas como seres humanos vivos; é tratar os humanos como máquinas
John Seely Brown e Paul Duguid, *The Social Life of Information* (Cambridge, MA: Harvard Business Review Press, 2000).

38.

Estudos e mais estudos já revelaram que os seres humanos não podem ser multitarefas
Clifford Nass, "Cognitive Control in Media Multitaskers," *Proceedings of the National Academy of Sciences* 106, n° 27 (15 de setembro de 2009).

39.

O ambiente da mídia digital se expressa também no ambiente físico
Richard Maxwell e Toby Miller, *Greening the Media* (Oxford: Oxford University Press, 2012).

40.

Os governos nacionais foram declarados extintos
John Perry Barlow, "Declaration of Independence of Cyberspace," *Wired*, 8 de fevereiro de 1996.

Não estamos avançando em direção a uma nova sociedade global totalmente inclusiva, e sim recuando para o nativismo
Marshall McLuhan, *Understanding Media* (Cambridge, MA: MIT Press, 1994).

Mesmo o 11 de setembro foi um evento global vivenciado simultaneamente
Jean-Marie Colombani, "Nous Sommes Tous Américains," *Le Monde*, 12 de setembro de 2001.

No auge da era da mídia televisiva, um presidente americano
Ronald Reagan, discurso "Tear Down This Wall!", 12 de junho de 1987.

exigem a construção de muros
Donald Trump, discurso, Phoenix, 31 de agosto de 2016.

41.

Em 1945, quando Vannevar Bush imaginou o "memex", no qual os computadores foram baseados
Vannevar Bush, "As We May Think," *The Atlantic*, julho de 1945.

Tensões semelhantes estão aumentando na Índia, Malásia e Sudão
Kevin Roose, "Forget Washington. Facebook's Problems Ahead Are Far More Disturbing," *Washington Post*, 29 de outubro de 2017.

42.

As avenidas serviam de fronteiras para os bairros, principalmente quando reforçavam as divisões raciais e de classe
Douglas Rushkoff, *Life, Inc.: How the World Became a Corporation and How to Take It Back* (New York: Random House, 2011).

Novos estudos sobre os efeitos de telefones celulares e Wi-Fi na saúde
Dina Fine Maron, "Major Cell Phone Radiation Study Reignites Cancer Questions," *Scientific American*, 27 de maio de 2016.

Jeneen Interlandi, "Does Cell Phone Use Cause Brain Cancer? What the New Study Means For You," *Consumer Reports*, 27 de maio de 2016.

Como se estivessem celebrando seu compromisso com os valores digitais, alguns diretores de escolas
Spike C. Cook, Jessica Johnson e Theresa Stager, *Breaking Out of Isolation: Becoming a Connected School Leader* (Thousand Oaks, CA: Corwin, 2015).

Lisa Dabbs e Nicol R. Howard, *Standing in the Gap: Empowering New Teachers Through Connected Resources* (Thousand Oaks, CA: Corwin, 2015).

Ringo Starr, o baterista dos Beatles, ficou famoso pela batida um pouco atrasada
Zumic Staff, "Great Drummers Break Down Ringo Starr's Style with the Rock and Roll Hall of Fame", *Zumic*, 8 de julho de 2015.

tão próximo da batida "normal" da música que seria imediatamente corrigido
Stephen Bartolomei, "Silencing Music, Quieting Dissent: How Digital Recording Technology Enforces Conformity Through Embedded Systems of Commodification", dissertação de mestrado, Queens College, City University of New York, 2016.

43.

os transumanistas esperam facilitar nossa eventual e inevitável transição para a vida em um chip de silício
Julian Huxley, New Bottles, New Wine (New York: Harper Brothers, 1957).

Os ciclos da vida são entendidos não como oportunidades para aprender ou esquecer, e sim como inconvenientes a ignorar ou superar
Steven Salzberg, "Did a Biotech CEO Reverse Her Own Aging Process? Probably Not," *Forbes*, 1º de agosto de 2016.

44.

Ou vendem impressoras com prejuízo e depois cobram a mais pelos cartuchos de tinta
Chris Hoffman, "Why Is Printer Ink So Expensive?" *How-To Geek*, 22 de setembro de 2016.

45.

A tecnologia não decide o próprio destino
Kevin Kelly, *What Technology Wants* (London: Penguin, 2011).

Eles trabalhavam por conta própria, menos dias por semana, com maiores lucros e com melhor saúde
Juliet B. Schor, *The Overworked American: The Unexpected Decline of Leisure* (New York: Basic Books, 1993).

Então inventaram duas inovações importantes
Douglas Rushkoff, *Life, Inc.: How the World Became a Corporation and How to Take It Back* (New York: Random House, 2011).

46.

as pessoas agora se esforçam para reforçar sua marca, como fazem as corporações
Taylor Holden, "Give Me Liberty or Give Me Corporate Personhood," *Harvard Law and Policy Review*, 13 de novembro de 2017.

a Bolsa de Valores de Nova York foi comprada por sua bolsa de derivativos em 2013
Nina Mehta e Nandini Sukumar, "Intercontinental Exchange to Acquire NYSE for $8.2 Billion," *Bloomberg*, 20 de dezembro de 2012.

47.

a tecnologia digital veio em socorro, fornecendo um território virtual para a expansão do capital
Joel Hyatt, Peter Leyden e Peter Schwartz, *The Long Boom: A Vision for the Coming Age of Prosperity* (New York: Basic Books, 2000).
Kevin Kelly, *New Rules for a New Economy* (London: Penguin, 1999).

os retornos corporativos sobre os ativos vêm caindo continuamente há mais de 75 anos
John Hagel et al., prefácio, *The Shift Index 2013: The 2013 Shift Index Series* (New York: Deloite, 2013).

48.

Um ou dois superstars recebem toda a atenção, enquanto os demais não vendem quase nada
M. J. Salganik, P. S. Dodds e D. J. Watts, "Experimental Study of Inequality and Unpredictability in an Artificial Cultural Market", *Science* 311 (2006).

A energia computacional necessária para criar um bitcoin
Nathaniel Popper, "There Is Nothing Virtual About Bitcoin's Energy Appetite," *New York Times*, 21 de janeiro de 2018.

49.

Em 1960, o CEO de uma empresa típica ganhava cerca de 20 vezes mais do que seu funcionário médio
David Leonhardt, "When the Rich Said No to Getting Richer," *New York Times*, 5 de setembro de 2017.

"segurar um lobo pela orelha"
Thomas Jefferson, carta a John Holmes, 22 de abril de 1820, disponível em https://www.encyclopediavirginia.org/Letter_from_Thomas_Jefferson_to_John_Holmes_April_22_1820.

Não é a quantidade total de abundância no sistema que promove a boa vontade das pessoas, mas a sensação de que tudo o que está disponível está sendo distribuído com justiça
Robert M. Sapolsky, *Behave: The Biology of Humans at Our Best and Worst* (London: Penguin, 2017).

50.

A economia não precisa ser uma guerra; pode ser um bem comum
David Bollier, *Think Like a Commoner: A Short Introduction to the Life of the Commons* (Gabriola Island, BC. New Society, 2014).

Os altruístas recíprocos, sejam humanos, sejam macacos, recompensam aqueles que cooperam com os outros e punem aqueles que não o fazem
Ernst Fehr and Urs Fischbacher, "The Nature of Human Altruism," *Nature* 425 (outubro de 2003).

51.

Um conceito econômico que surgiu dos bens comuns foi chamado de distributismo
G. K. Chesterton, *Three Works on Distributism* (CreateSpace, 2009).

negócios cooperativos estão concorrendo em pé de igualdade até mesmo com corporações americanas estabelecidas
Brad Tuttle, "WinCo: Meet the Low-Key, Low Cost, Grocery Chain Being Called 'Walmart's Worse Nightmare'", *Time*, 7 de agosto de 2013.
"The Opposite of Walmart," *Economist*, 3 de maio de 2007.
Bouree Lam, "How REI's Co-Op Retail Model Helps Its Bottom Line," *The Atlantic*, 21 de março de 2017.

Nessas "cooperativas de plataforma", os participantes são donos da plataforma que estão usando
Trebor Scholz e Nathan Schneider, *Ours to Hack and to Own: The Rise of Platform Cooperativism, A New Vision for the Future of Work and a Fairer Internet* (New York: OR Books, 2017).

52.

Felizmente, de acordo com essa narrativa, o automóvel forneceu uma alternativa segura e relativamente limpa
Stephen Levitt e Stephen J. Dubner, *Freakonomics: A Rogue Economist Explores the Hidden Side of Everything* (New York: Willian Morrow, 2005).

O problema dessa história é que ela não é verdadeira
Brandon Keim, "Did Cars Save Our Cities from Horses?" *Nautilus*, 7 de novembro de 2013.

Eles medem a melhora em função da expectativa de vida ou da redução do número de mortes violentas
Steven Pinker, *The Better Angels of Our Nature* (London: Penguin, 2011).

O capitalismo não reduziu a violência mais do que os automóveis nos salvaram de cidades cheias de estrume
Nassim Taleb, "The Pinker Fallacy Simplified," FooledBy-Randomness.com/pinker.pdf.

53.

Os sistemas de tarefas on-line pagam às pessoas centavos por tarefa para fazer as coisas que os computadores ainda não são capazes de fazer
Eric Limer, "My Brief and Curious Life as a Mechanical Turk", *Gizmodo*, 28 de outubro de 2014.

55.

Moldamos nossas tecnologias no momento da concepção, mas a partir daí quem nos molda são elas
John Culkin, "A Schoolman's Guide to Marshall McLuhan", *Saturday Review*, 18 de março de 1967.

eles tomam decisões tão racistas e preconceituosas quanto os humanos cujas decisões serviram de dados iniciais
Ellora Thadaney Israni, "When an Algorithm Helps Send You to Prison," *New York Times*, 26 de outubro de 2017.

Mas os critérios e processos que esses sistemas usam são considerados comercialmente muito confidenciais para serem revelados
Ian Sample, "AI Watchdog Needed to Regulate Automated Decision-Making, Say Experts," *Guardian*, 27 de janeiro de 2017.
Sandra Wachter, Brent Mittelstadt e Luciano Floridi, "Why a Right to Explanation of Automated Decision-Making Does Not Exist in the General Data Protection Regulation", *SSRN*, 24 de janeiro de 2017.

alguns cientistas da computação já argumentam que as IAs devem receber os direitos dos seres vivos
Antonio Regalado, "Q&A with Futurist Martine Rothblatt," *MIT Technology Review*, 20 de outubro de 2014.

57.

Segundo essa visão, a evolução diz mais respeito à história dos dados do que à história da vida
Ray Kurzweil, *The Age of Spiritual Machines: When Computers Exceed Human Intelligence* (London: Penguin, 2000).

Ou nos aprimoramos com chips, nanotecnologia e engenharia genética
Future of Life Institute, "Beneficial AI 2017," https://futureoflife.org/bai-2017/.

admitir a hipótese de que nossa própria realidade é uma simulação de computador
Clara Moskowitz, "Are We Living in a Computer Simulation?" *Scientific American*, 7 de abril de 2016.

O famoso "Teste de Turing" para a consciência do computador
Alan Turing, "Computing Machinery and Intelligence," *Mind* 59, n° 236 (outubro de 1950).

58.

A mente humana não é computacional
Andrew Smart, *Beyond Zero and One: Machines, Psychedelics and Consciousness* (New York: OR Books, 2009).

a consciência é baseada em estados quânticos totalmente não computáveis nas menores estruturas do cérebro
Roger Penrose e Stuart Hameroff, "Consciousness in the universe: A review of the 'Orch OR' theory," *Physics of Life Review* 11, n° 1 (março de 2014).

A única maneira de resolver a consciência é por meio da experiência em primeira mão
Merrelyn Emery, "The Current Version of Emery's Open Systems Theory," *Systemic Practice and Action Research* 13, n° 5 (2000).

sabemos que a consciência existe porque sabemos como ela é.
Thomas Nagel, *Moral Questions* (Cambridge, UK: Cambridge University Press, 1991).

59.

Não existe estado intermediário
Andrew Smart, *Beyond Zero and One: Machines, Psychedelics and Consciousness* (New York: OR Books, 2009).
Dan Sperber e Deirdre Wilson, *Relevance: Communication and Cognition* (Hoboken: Wiley–Blackwell, 1996).

63.

Quando uma figura artificial chega muito perto da realidade
Masahiro Morey, "The Uncanny Valley," *Energy* 7, n° 4 (1970).

Os roboticistas notaram o efeito no início dos anos 1970
Jeremy Hsu, "Why 'Uncanny Valley' Human Look-Alikes Put Us on Edge," *Scientific American*, 3 de abril de 2012.

64.

A maneira mais fácil de se livrar da simulação é reconhecer a charada
Johan Huizinga, *Homo Ludens: A Study of the Play-Element in Culture* (Eastford, CT. Martino Fine Books, 2016).

A magia do palco confunde nosso senso de lógica
Kembrew McLeod, *Pranksters: Making Mischief in the Modern World* (New York: NYU Press, 2014).

65.

O psicólogo respondeu: "Encontre os outros".
Timothy Leary, "You Aren't Like Them", palestra na UC Berkeley, 1968.

A comunicação cruzada gera solidariedade, e solidariedade gera descontentamento
Trebor Scholz, *Uberworked and Underpaid: How Workers Are Disrupting the Digital Economy* (Cambridge, UK: Polity, 2016).

Alguns cultos usam detectores de mentiras
Lawrence Wright, *Going Clear: Scientology, Hollywood, and the Prison of Belief* (New York: Vintage, 2013).

Essas tecnologias, no entanto, são apenas versões atualizadas dos confessionários
John Cornwell, *The Dark Box: A Secret History of Confession* (New York: Basic Books, 2014).

66.

O deslumbramento ajuda as pessoas a agirem com maior senso de significado e propósito
P. K. Piff et al., "Awe, the Small Self, and Prosocial Behavior," *Journal of Personality and Social Psychology* 108, n° 6 (2015).

67.

Nasceu o tempo histórico
Karen Armstrong, *A History of God: The 4,000-Year Quest of Judaism, Christianity and Islam* (New York: Random House, 1993).

O tempo e a história não existem, e o indivíduo vive no constante presente
Mircea Eliade, *The Myth of the Eternal Return, or Cosmos and History* (New York: Pantheon, 1954).

68.

O judaísmo substituiu a experiência corporificada do divino por um monoteísmo abstrato
Douglas Rushkoff, *Nothing Sacred* (New York: Crown, 2003).

Caímos do paraíso da graça atemporal, vivemos em pecado e rezamos pela salvação
Wilhelm Reich, *The Mass Psychology of Fascism* (New York: Farrar, Straus, and Giroux, 1980).

Chamavam isso de wettiko
Jack D. Forbes, *Columbus and Other Cannibals* (New York: Seven Stories, 2011).

69.

nessa nova espiritualidade seríamos como deuses
John Brockman, "We Are As Gods and Have to Get Good at It: A Conversation with Stewart Brand," *The Edge*, 18 de agosto de 2009.

70.

O programa soviético-americano de diplomacia cidadã
Jeffrey J. Kripal, *Esalen: America and the Religion of No Religion* (Chicago: University of Chicago Press, 2008).

Essa visão ainda motiva o desenvolvimento da inteligência artificial
Erik Davis, *Techgnosis: Myth, Magic, and Mysticism in the Age of Information* (Berkeley: North Atlantic, 2015).

Pascal-Emmanuel Gobry, "Peter Thiel and the Cathedral," Patheos.com, 24 de junho de 2014, http://www.patheos.com/blogs/inebriate-me/2014/06/peter-thiel-and-the-cathedral/ (acessado em 10 de janeiro de 2018).

71.

Uma startup da Bay Area colhe o sangue de jovens
Maya Kosoff, "This Anti-aging Start-up Is Charging Thousands of Dollars for Teen Blood," *Vanity Fair*, junho de 2017.

Então, de acordo com os principais cientistas das maiores empresas de internet do mundo
Ray Kurzweil, *The Singularity Is Near: When Humans Transcend Biology* (London: Penguin, 2005).
Truls Unholt, "Is Singularity Near?" *TechCrunch*, 29 de fevereiro de 2016.

72.

Precisamos de uma Razão para o que fazemos
Max Horkheimer, *Eclipse of Reason* (Eastford, CT: Martino Fine Books, 2013).

74.

Mas a agricultura também reduziu a biodiversidade da dieta humana
Robert M. Sapolsky, *Behave: The Biology of Humans at Our Best and Worst* (London: Penguin, 2017).

a agricultura criou as condições para "banquete e fome"
Richard Heinberg, *Our Renewable Future: Laying the Path for One Hundred Percent Clean Energy* (Washington, DC: Island Press, 2016).

Sabemos agora, sem sombra de dúvida, que a agricultura industrial extrai menos alimentos do solo
John Ikerd, *Small Farms Are Real Farms* (Greeley, CO: Acres USA, 2008).
Raj Patel, *Stuffed and Starved: The Hidden Battle for the World Food System* (New York: Melville House, 2012).
Vandana Shiva, *Stolen Harvest: The Hijacking of the Global Food Supply* (Lexington: University of Kentucky Press, 2015).

Estudos das Nações Unidas e do Banco Mundial
Steve Drucker, *Altered Genes, Twisted Truth: How the Venture to Genetically Engineer Our Food Has Subverted Science, Corrupted Government, and Systematically Deceived the Public* (Fairfield, IA: Clear River Press, 2015).

a terra ficará sem solo superficial
Chris Arsenault, "Only 60 Years of Farming Left If Soil Degradation Continues," *Scientific American*, 5 de dezembro de 2014.

75.

Níveis crescentes de dióxido de carbono levam a declínios acentuados na capacidade cognitiva
David Wallace-Wells, "The Uninhabitable Earth," *New York Magazine*, 9 de julho de 2017.

O termo foi cunhado por um estudante de pós-graduação em 1978
David Holmgren e Bill Mollison, *Permaculture* (Paris: Equilibres d'aujourd'hui, 1990).

reconhecer os ciclos maiores e mais sutis das estações e da lua
Rudolf Steiner, *Agriculture Course: The Birth of the Biodynamic Method* (Forest Row, UK: Rudolf Steiner Press, 2004).

práticas sustentáveis, biodiversidade e rotação de pastos podem ser complementadas
Brian Halwell, *Eat Here: Reclaiming Homegrown Pleasures in a Global Supermarket* (New York: Norton, 2004).
Polyface Farms, http://www.polyfacefarms.com/.

76.

Os modernos ignoraram o conselho
Kathryn Schulz, "The Really Big One," *New Yorker*, 20 de julho de 2015.

os dados climáticos da NASA têm o mesmo efeito das pedras de tsunami
Desde a década de 1970, os cientistas alertam que nosso meio ambiente está em perigo. "The Limits to Growth", um relatório amplamente ridicularizado do Clube de Roma, de 1972, foi o primeiro conjunto de dados a mostrar como o crescimento econômico não poderia continuar a acelerar sem esgotar os recursos não renováveis do planeta. O relatório acabou se provando correto. Em 1992, a Union of Concerned Scientists e mais de 1.700 cientistas independentes, incluindo a maioria dos ganhadores do Prêmio Nobel vivos, emitiram o "Alerta dos Cientistas do Mundo à Humanidade", no qual argumentavam que estávamos explorando o ecossistema além de sua capacidade, ameaçando gravemente tudo, desde os oceanos e as florestas até o solo e a atmosfera – novamente, com fatos e números. Em 2017, a Alliance of Concerned Scientists revisitou esses dados alarmantes e determinou que, na verdade, estamos em situação pior do que o previsto por esses terríveis números e provavelmente à beira de um evento de "extinção em massa".

Estudos do cérebro revelam que nos relacionamos com nosso "eu" futuro da mesma forma que nos relacionamos com uma pessoa completamente estranha
Hal Hershfield, "Future Self-Continuity: How Conceptions of the Future Self Transform Intertemporal Choice," *Annals of the New York Academy of Sciences*, 1235, n° 1 (outubro de 2011).

O futuro não é uma descontinuidade ou algum cenário que planejamos
Adam Brock, *Change Here Now: Permaculture Solutions for Personal and Community Transformation* (Berkeley: North Atlantic, 2017).

77.

as descobertas muitas vezes venham daqueles que são mais intimamente dependentes de seus processos
Clifford D. Conner, *A People's History of Science: Miners, Midwives, and "Low Mechanicks"* (New York: Nation Books, 2005).

"A natureza deve ser tomada…"
Ibid.

78.

tratar diferentes partes e processos do mundo como separados e independentes
Douglas R. Hofstadter, *Gödel, Escher, Bach: An Eternal Golden Braid* (New York: Basic Books, 1999).

Não há plano de fundo sobre o qual a realidade se desenrola
Julian Barbour, *The End of Time: The Next Revolution in Physics* (New York: Oxford University Press, 2011).

82.

o mito do indivíduo
Jacob Burckhardt, *The Civilization of the Renaissance in Italy* (New York: Penguin, 1990). O clássico de 1860 de Burckhardt mostra como, antes da Renascença, "o homem tinha consciência de si mesmo apenas como membro de uma raça, povo, partido, família ou corporação – apenas por meio de alguma categoria geral".

O personagem do Dr. Fausto na peça de Marlowe é frequentemente citado
Clarence Green, "Doctor Faustus: Tragedy of Individualism," *Science and Society* 10, n° 3 (verão de 1946).

84.

Avançamos em meio à contradição e encontramos uma sensibilidade dinâmica do outro lado
Robert Nisbet, *The Quest for Community: A Study in the Ethics of Order and Freedom* (Wilmington, DE: Intercollegiate Studies Institute, 2010).

87.

Essa é a teoria da diplomacia que levou aos famosos Acordos de Oslo
J. T. Rogers, *Oslo: A Play* (New York: Theater Communications Group, 2017).

a ferramenta mais produtiva para melhorar as relações internacionais
Nancy Snow, *Information War: American Propaganda, Free Speech, and Opinion Control Since 9/11* (New York: Seven Stories, 2003).

. . . o engajamento face a face alavanca nossa capacidade aprimorada de estabelecer relacionamentos
Arthur C. Brooks, "Empathize with Your Political Foe," *New York Times*, 21 de janeiro de 2018.

88.

as plataformas de mídia social demonstraram sua capacidade de induzir as pessoas a votar ou não
Robert M. Bond et al., "A 61-million-person experiment in social influence and political mobilization," *Nature* 489 (13 de setembro de 2012).

contato humano a humano, eu e você
Martin Buber, *I and Thou* (New York: Scribner, 1958).

95.

comunidades compostas por indivíduos genuinamente interdependentes, nas quais cada um de nós é necessário, oferecem a mais alta qualidade de vida
Merrelyn Emery, "The Current Version of Emery's Open Systems Theory," *Systemic Practice and Action Research* 13 (2000).

96.

Nossos tribunais, democracia, mercados e ciência são todos caracterizados pela competição
Robert Reich, *The Common Good* (New York: Knopf, 2018).

A transparência é, de fato, a única escolha
David Brin, *The Transparent Society* (New York: Perseus, 1998).

98.

estamos programados desde o nascimento para compartilhar, unir, aprender e até curar uns aos outros
Dr. Mark Filippi, página inicial do Somaspace, http://somaspace.org.

Nós, humanos, fazemos parte do mesmo sistema nervoso coletivo
Stephen W. Porges, *The Polyvagal Theory: Neurophysiological Foundations of Emotions, Attachment, Communication, and Self-Regulation* (New York: Norton, 2011).